읽다 보면 문해력이 저절로

그래서 이런 한자어가 생겼대요

우리누리 글 | 신동민 그림

길벗스쿨

들어가며

　우리가 지금 쓰는 말 가운데 한자어는 과연 얼마나 될까요? 놀라지 마세요. 무려 60퍼센트가 넘는답니다. 한자어는 한자를 바탕으로 만들어진 단어를 말하는데, 우리가 보고 듣고 사용하는 말의 절반 이상이 모두 한자어로 되어 있어요.

　한자어는 우리 일상생활에서도 흔히 쓰일 뿐만 아니라 뉴스에도 많이 등장해요. "아이돌 그룹 빌보드 핫100 차트 석권", "학교 폭력 대책" 등의 이야기, 많이 들어 봤죠? 이렇게 한자어는 일상에서 아주 많이 쓰기 때문에, 한자어를 모르면 의사소통에 어려움을 겪을 수 있어요. 또 한자어를 모르면 공부할 때 걸림돌이 되기도 한답니다. 왜냐하면 국어, 과학, 사회 등 초등학교 교과서에도 한자어가 엄청 많이 나오거든요.

　그렇다면 한자어는 어떻게 공부하는 게 좋을까요? 한자어는 우리에게 다소 낯선 한자가 바탕이 되는 말이기 때문에 무작정 외우려고 하면 어렵고 잘 외워지지도 않아요. 그러기보다는 그 한자어가 생겨난 유래를 아는 것이 크게 도움이 돼요. 또한 그 한자어가 어떤 상황에서 어떻게 쓰이는지를 익히는 게 중요하지요.

　『그래서 이런 한자어가 생겼대요』는 바로 이런 점에 초점을 맞춰서 구성했어요. 이 책에서는 우리가 일상생활에서 자주 접하는 한자어를 골라서 그 유래를 재미있게 소개했어요. 먼저, 유쾌한 네 칸 만화를 보면서 한자어 사용법을 재미있게 익혀 보세요. 어떤 상황에서 그런 한자어를 써야 하는지 머리에 쏙쏙 들어와요. 그리고 나서 본문을 읽어 보면 그 한자어가 어떻게 생겨났고, 지금은 어떤 의미로 사용되는지 자연스럽게 이해할 수 있어요. 더불어 비슷한 한자어나 속담, 사자성어까지 함께 익힐 수 있어 일석이조랍니다.

말뜻을 제대로 알아야 말을 정확하게 사용하고 내 생각을 제대로 표현할 수 있습니다. 그러다 보면 자연스레 어휘력도 늘고, 국어 공부에 자신감도 생길 거예요.

자, 그럼 흥미진진한 한자어의 유래 속으로 함께 들어가 볼까요?

-우리누리

들어가며 2

생활 속에서 만나는 한자어

사족 쓸데없는 군더더기 10

기우 쓸데없는 걱정 12

허세 실속 없이 겉으로만 드러나 보이는 기세 14

퇴짜 어떤 일이나 바치는 물건을 거절함 16

만두 사람의 머리 모양과 비슷하게 만든 음식 18

양말 서양에서 들여온 버선 20

명함 조선 시대에 신분을 나타내던 표식 22

교활 간사하고 꾀가 많음 24

백일장 낮에 열리는 글쓰기 대회 26

용수철 이야기 속 용의 수염처럼 탄력이 있는 쇠줄 28

철면피 지나치게 뻔뻔한 사람 30

점심 낮에 끼니로 먹는 음식 32

상인 장사를 직업으로 하는 사람 34

짐작 사정이나 형편 따위를 어림잡아 헤아림 36

섭씨 '섭씨'라는 사람이 만든 온도 단위 38

동장군 혹독한 겨울 추위 40

압권 여럿 중에서 가장 뛰어난 것 42

염치 체면을 차릴 줄 아는 마음 44
난장판 어지럽게 뒤엉켜 뒤죽박죽이 된 곳 46

2장
뉴스에서 만나는 한자어

석권 빠른 기세로 영토를 휩쓸거나 세력을 넓힘 50
낭패 계획한 일이 실패로 돌아감 52
박빙 얼마 안 되는 아주 작은 차이 54
절충 서로 다른 의견이나 관점 따위를 알맞게 조절함 56
유예 일을 실행하는 날짜나 시간을 미룸 58
대책 어떤 일에 대처할 계획이나 방법 60
희생양 다른 사람의 목적이나 이익을 위해 희생당하는 사람 62
금자탑 후세에 남을 만한 뛰어난 업적 64
심금 미묘하게 움직이는 마음 66
빈축 다른 사람을 비난하거나 미워함 68
박차 어떤 일을 더 잘하게 하려고 더하는 힘 70
출사표 중요한 일에 나서면서 각오를 밝히는 것 72
불야성 밤에도 대낮처럼 밝은 곳을 이르는 말 74
선입견 어떤 대상에 대해 이미 마음속에 품고 있는 고정 관념 76
전철 이전 사람의 그릇된 일이나 행동의 자취 78
농락 남을 제 마음대로 놀리거나 이용함 80

경종 위험한 일에 대한 주의나 충고 82

초미 매우 급함을 이르는 말 84

면죄부 책임이나 죄를 없애 주는 일 86

각광 사회적 관심이나 흥미 88

요지경 알쏭달쏭하고 복잡하여 이해할 수 없음 90

알면 알수록 재미있는 한자어

발견 아직 알려지지 않았던 사물이나 사실을 찾아냄 94

숙맥 세상 물정을 잘 모르는 사람 96

고무적 희망적이고 긍정적이라는 뜻 98

노파심 남의 일을 지나치게 걱정하는 마음 100

천리안 사물을 꿰뚫어 볼 수 있는 뛰어난 관찰력 102

귀감 본받을 만한 모범 104

수작 남의 말이나 행동, 계획 등을 낮잡아 이르는 말 106

주마등 말이 달리는 것처럼 빠르게 지나가는 것 108

회피 꾀를 부려 마땅히 져야 할 책임을 지지 않음 110

등용문 출세하기 위해 거쳐야 하는 관문 112

외래어 외국에서 들어와 우리말처럼 쓰이는 단어 114

부합 사물이나 현상이 서로 꼭 들어맞음 116

고육책 어쩔 수 없이 꾸며 내는 계책 118

문외한 어떤 일에 전문적인 지식이 없는 사람 120
세계화 세계 여러 나라를 이해하고 받아들임 122
의사소통 생각이나 뜻이 서로 통함 124
화촉 결혼식에 쓰는 초 126
좌우명 늘 곁에 두고 마음에 새기는 말 128

4장
한자어 같지 않은 한자어

이판사판 막다른 데 이르러 어찌할 수 없게 된 지경 132
안성맞춤 어떤 조건이나 상황에 딱 맞음 134
사이비 겉으로는 비슷하지만 속은 완전히 다름 136
야단법석 많은 사람이 모여들어 떠들썩함 138
고자질 남의 잘못이나 비밀을 일러바치는 짓 140
술래 술래잡기에서 숨은 아이들을 찾아내는 아이 142
창피 체면이 깎여 부끄럽다 144
줄행랑 '도망'을 속되게 이르는 말 146
아수라장 큰 혼란에 빠진 곳 148
잡동사니 잡다한 것이 한데 뒤섞인 것 150
도무지 조선 시대 형벌에서 나온 말 152
십년감수 위험한 고비를 겪거나 몹시 놀람 154
어영부영 되는대로 마구 행동하는 모습 156

찾아보기 158

일러두기

- 한자어의 뜻은 국립국어원 『표준국어대사전』을 주로 참고해 풀이했어요.
- 하나의 한자어에도 여러 가지 뜻이 있어요. 이 책에서는 대표적으로 쓰이는 뜻을 주로 적어 놓았어요.
- 각 한자의 뜻은 『표준국어대사전』과 『네이버 한자사전』을 주로 참고하였으며, 유래와 관련한 대표 뜻을 먼저 수록했어요.
- 한자어의 유래는 오래전부터 전해 내려오는 이야기이기 때문에 자료마다 전해지는 내용이 조금씩 다르거나 학자마다 주장하는 내용이 다르기도 해요. 더 궁금한 내용은 맨 마지막 페이지의 참고 자료를 살펴보거나 직접 조사해 보세요.

1장 생활 속에서 만나는 한자어

사족
쓸데없는 군더더기

○ **사족**: 蛇 뱀 **사** | 足 발 **족**

- (겉뜻) 뱀의 발.
- (속뜻) 쓸데없는 짓을 해서 오히려 잘못되게 하는 것을 이르는 말.
- (예문) 마지막 문장은 **사족**처럼 보이니까 빼는 편이 좋겠다.

비슷한 관용어: 긁어 부스럼
(뜻) 그냥 내버려 둬도 될 일을 공연히 건드려서 걱정을 일으킨 경우를 비유적으로 이르는 말.

옛날 초나라의 어느 집에서 잔치가 열렸어요. 주인은 큰마음 먹고 아주 귀한 술 한 병을 내놨어요. 그러자 누가 이렇게 말했어요.

"내기를 해서 이긴 사람이 저 술을 다 마시면 어떻겠소?"

"무슨 내기요?"

"땅바닥에 뱀을 가장 먼저 그린 사람에게 저 술 한 병을 통째로 줍시다."

그러자 모두 좋다고 해서 내기가 벌어졌어요. 마침 손님 중에 그림 솜씨가 아주 뛰어난 사람이 있었어요.

'이참에 내 그림 솜씨를 제대로 보여 줘야겠군.'

잠시 후, 이 사람은 제일 먼저 그림을 보여 주며 이렇게 말했어요.

"보시오. 당신들이 아직도 뱀을 그리는 동안 나는 뱀의 발까지 그렸습니다. 그러니 저 술은 내가 가져가겠소이다."

그때 막 뱀을 다 그린 사람이 그를 가로막고 술병을 집었어요.

"세상에 발 달린 뱀이 어디 있단 말이오? 당신이 그린 건 뱀이 아니니 이 술은 내가 가져가겠소."

그 손님은 찍소리도 못 하고 술을 빼앗기고 말았어요.

이때부터 쓸데없이 덧붙인 일이나 군더더기를 일컬어 뱀 사(蛇)에 다리 족(足) 자를 써서 '사족'이라고 했어요. 글자 그대로 풀이하면 '뱀의 발'이라는 뜻으로, 요즘에는 쓸데없는 짓을 해서 도리어 일을 그르친다는 의미로 쓰여요. 보통 "사족을 달다.", "사족을 붙이다."처럼 '달다'나 '붙이다'라는 말과 함께 써요.

기우 杞憂

쓸데없는 걱정

- **기우**: 杞 나라 이름 **기** | 憂 근심 **우**
- **겉뜻** 기나라 사람의 근심.
- **속뜻** 쓸데없는 걱정과 안 해도 될 근심.
- **예문** ① 지나친 기우 때문에 시도조차 하지 않는 건 어리석어.
  ② 실수할까 봐 몹시 걱정했는데, 괜한 기우였다.

옛날 중국 기나라에 이것저것 걱정이 많은 사람이 살았어요.

'산에 나무하러 갔는데 산사태가 나면 어쩌지? 갑자기 지진이 나면 어쩌지?'

결국 이 사람은 이불을 뒤집어쓰고 끙끙 앓아눕고 말았어요. 그 소문을 듣고 친구가 찾아왔어요.

"이보게, 도대체 무슨 걱정이기에 이러는가?"

기나라 사람은 이불 밖으로 머리만 빼꼼 내밀고 말했어요.

"만약에 갑자기 하늘이 무너지면 어떡하지?"

"이보게! 하늘은 공기로 이루어졌어. 그러니 하늘이 지붕처럼 무너지거나 할 순 없지."

"그래? 그렇다면 저 하늘의 해와 달이 떨어지면 어떡하지? 나무 열매처럼 툭 떨어질지도 모르잖아."

"해와 달은 저 멀리서 빛나는 빛일 뿐이야. 절대 나무 열매처럼 땅으로 떨어지지 않을걸세."

"그럼 걸어가다가 땅이 꺼지면 어떡하지?"

"땅에는 흙이 두텁게 쌓여 있는데, 어떻게 땅이 꺼지겠는가? 자네는 정말 괜한 걱정을 하는군."

그제야 기나라 사람은 쑥스럽게 웃으며 이불 밖으로 나왔어요.

그 뒤로 사람들은 쓸데없는 걱정을 가리켜 '기나라 사람의 걱정'이라는 뜻에서 '기우'라고 했어요. 기우는 일어날 가능성이 거의 없는 일을 지나치게 걱정하는 것을 가리키는 말이에요.

허세 (虛勢)

실속 없이 겉으로만 드러나 보이는 기세

- 허세: 虛 빌 허 | 勢 기세 세

뜻 실력도 없으면서 겉으로만 드러나 보이는 기세.
예문 허세를 부리다 게임에서 완패했다.

비슷한 고사성어: 허장성세(虛張聲勢)
뜻 실속은 없으면서 큰소리치거나 허세를 부림.

옛날에 어느 선비가 살았는데, 글재주도 없으면서 늘 붓을 가지고 다녔어요. 밥 먹을 때도, 길을 걸을 때도, 심지어 뒷간에 갈 때도 붓을 쥐고 있었답니다.

"선비님은 왜 언제나 붓을 갖고 계십니까?"

"허허, 무릇 선비는 항상 붓을 가까이해야지. 언제 어디서 글을 써 달라는 부탁을 받을지 누가 알겠는가?"

사람들은 "대단하시네요." 하고 칭찬했지만 속으로는 비웃었어요. 선비의 허세는 온 동네 사람들이 다 알고 있었거든요.

그러던 어느 날, 선비가 당나귀를 사러 시장에 갔어요.

"이 당나귀를 사겠소."

그러자 장사꾼이 선비에게 계약서를 쓰라고 했어요. 그런데 붓을 든 선비가 손을 부들부들 떨며 한참이 지나도록 계약서를 쓰지 못했어요.

"선비님, 왜 그러십니까? 혹시 글을 못 쓰십니까?"

선비는 버럭 화를 내며 펄쩍 뛰었어요.

"어허, 역사에 길이 남을 명문장을 쓰려다 보니 시간이 좀 걸리는 걸세! 잠시만 기다려 보게."

이 선비처럼 실력도 없으면서 겉으로는 그럴듯하게 보이려고 하는 태도를 가리켜 빌 허(虛)에 기세 세(勢) 자를 써서 '허세'라고 해요. 허세를 글자 그대로 풀이하면 비어 있는 기세, 즉 '실력도 없으면서 겉으로만 드러나 보이는 기세'라는 뜻이에요. 우리 속담에 "빈 수레가 요란하다."라는 말이 있죠? 이 속담의 뜻이 허세와 비슷해요.

퇴짜

어떤 일이나 바치는 물건을 거절함

- **퇴짜**
  - 뜻) 바치는 물건을 물리치는 일. 또는 그 물건.
  - 예문) 친구 신청을 했다가 보기 좋게 **퇴짜**를 맞았다.
- **퇴자** : 退 물러날 퇴 | 字 글자 자
  - 뜻) 상납한 물건의 품질이 낮은 경우, 물리치는 뜻으로 퇴(退) 자를 찍던 일.

전라북도 고창군에 있는 한 마을이 아침부터 떠들썩했어요.

"오늘 판적사가 온다며?"

"그런다더군. 얼른 공물을 준비해야겠어."

조선 시대 백성들은 자기 지방에서 생산하는 특산물을 조정에 바쳐야 했는데, 그 특산물을 심사하는 관리가 바로 판적사예요.

잠시 후에 판적사가 오자 사람들이 고창 특산물인 백자를 바리바리 싸 들고 나타났어요. 그러자 판적사가 서류를 꺼내며 말했어요.

"그럼 지금부터 백자의 품질을 심사하겠다. 한 명씩 앞으로 나오너라."

사람들은 자기가 가져온 백자를 들고 차례대로 나왔어요. 합격을 받은 사람들은 안도의 한숨을 내쉬며 돌아갔지요. 그런데 개중에는 품질이 좋지 못한 것도 있었어요.

"어허. 이 백자는 품질이 많이 떨어지는구나."

판적사는 품질이 떨어지는 백자를 도로 돌려주면서 겉에다가 '물러날 퇴(退)' 자를 적었어요.

사람들은 이렇게 판적사가 물건을 돌려보내는 것을 가리켜 "퇴자 놓았다."라고 했어요. 이처럼 '퇴(退)'라는 글자는 본래 불합격한 공물을 뜻했어요. 그러다가 시간이 흐르면서 발음이 '퇴짜'로 바뀌고, 의미도 어떤 일이나 바치는 물건을 거절한다는 뜻으로 넓어졌어요. 요즘에는 어떤 일을 거절할 때는 '퇴짜를 놓다'라고 하고, 반대로 어떤 일을 거절당할 때는 '퇴짜를 맞다'라고 표현해요.

만두 (饅頭)

사람의 머리 모양과 비슷하게 만든 음식

- **만두**: 饅 만두 **만** ǀ 頭 머리 **두**
- (뜻) 밀가루 따위를 반죽하여 소를 넣어 빚은 음식.
- (예문) ① 엄마와 함께 만두를 예쁘게 빚었다.
  ② 설날에 개성에서는 만두를 먹었고, 서울에서는 떡국을 먹었다.

만두의 '두(頭)' 자는 사람 머리를 가리키는 말이에요. 도대체 왜 먹는 음식에 사람 머리를 가리키는 글자가 쓰였을까요?

이 궁금증을 풀려면 중국의 삼국 시대로 거슬러 올라가야 해요. 만두는 『삼국지』에 등장하는 제갈공명과 관련이 있거든요.

촉나라의 승상 제갈공명은 남만을 정벌하고 돌아오다 풍랑 때문에 강가에서 발이 묶이고 말았어요.

"아니, 멀쩡하던 강에 갑자기 웬 풍랑이 부느냐?"

그러자 이 지역 출신 장수들이 나서 그 이유를 알려 주었어요.

"이 강의 신이 노한 것입니다."

"그 신을 달래려면 어떻게 해야 하느냐?"

"남만 풍습에 따라 사람의 머리 아흔아홉 개를 바쳐야 합니다. 그래야 무사히 강을 건널 수 있습니다."

장수들은 남만 포로들의 머리를 베어 강에 던지자고 했어요.

그러나 제갈공명은 그런 이유로 사람의 머리를 벨 수 없었어요. 그래서 밀가루로 사람의 머리 모양을 만들고, 그 안을 소와 양의 고기로 채워 신에게 제물로 바쳤어요. 그러자 강이 거짓말처럼 잠잠해져, 제갈공명의 군대는 무사히 강을 건너 돌아올 수 있었지요.

사람들은 제갈공명이 바친 이 음식 때문에 강이 잠잠해졌다고 믿었어요. 제갈공명은 '속이기 위한 머리'라는 뜻으로 속일 만(謾), 머리 두(頭) 자를 써서 '만두(謾頭)'라는 이름까지 직접 지었어요. 그러다 시간이 흐르면서 만두 만(饅) 자를 써서 '만두(饅頭)'라고 부르게 됐답니다. 만두의 유래와 관련해서는 여러 가지 설이 있는데, 그중 가장 유명한 것이 바로 이 이야기랍니다.

양말 洋襪

서양에서 들여온 버선

- **양말**: 洋 큰 바다 **양** | 襪 버선 **말**
- (뜻) 실이나 섬유로 짜서 맨발에 신게 만든 물건.
- **양**(洋) 자가 들어가는 다른 말:
  양산(洋傘): 洋 큰 바다 **양** | 傘 우산 **산**
  양복(洋服): 洋 큰 바다 **양** | 服 옷 **복**

양말이 우리나라에 처음 들어온 건 개화기 때예요. 그전까지 우리 조상들은 버선을 신었어요. 그래서 양말을 처음 본 우리 조상들은 그 물건에 어떤 이름을 붙여야 할지 몰라 골머리를 앓았어요.

"끙, 희한하게 생긴 이 물건을 뭐라고 해야 할까요?"

"이 물건은 버선과 비슷하게 생겼으니 '버선 말(襪)' 자를 써서 '말'이라고 하면 어떨까요?"

"오, 그거 좋은 생각입니다. 그리고 요즘 서양에서 들여온 물건 이름에는 '양' 자를 붙이는 게 유행이잖아요. 그러니까 그냥 '말'이라고 하지 말고, 이왕이면 이 물건에도 '양' 자를 붙여서 '양말'이라고 하면 좋지 않을까요?"

이처럼 개화기에는 서양에서 들여온 물건의 이름을 지을 때 '바다를 건너온 물건'이라는 뜻으로 '큰 바다 양(洋)' 자를 앞에 붙이곤 했어요. 즉 서양에서 들여온 버선이라는 뜻에서 양말(洋襪)이라는 이름이 붙은 거랍니다.

우리말에는 유독 양(洋) 자가 붙은 한자어가 많아요. 서양식 의복은 '양복(洋服)', 서양에서 들여온 술은 '양주(洋酒)', 서양에서 들여온 활은 '양궁(洋弓)', 서양에서 들여온 우산은 '양산(洋傘)'이라고 하지요. 모두 같은 방식으로 만든 말이에요.

명함 名銜

조선 시대에 신분을 나타내던 표식

- **명함** : 名 이름 **명** | 銜 재갈 **함**
- (뜻) 이름, 주소, 직업, 신분 따위를 적은 네모난 종이쪽.
- (예문) 회의가 끝나자 두 사람은 **명함**을 주고받았다.

조선 시대 사헌부 관리들이 한자리에 모이자 대사헌이 맨 끝에 앉아 있는 최청낭에게 물었어요.

"처음 보는 얼굴인데, 자네는 누군가?"

최청낭은 얼른 자리에서 일어나 자기소개를 했어요.

"저는 이번에 사헌부로 발령 난 정6품 감찰 최청낭이라고 합니다."

"오, 그래? 명함 좀 보여 주게나."

"며, 명함은 아직 만들지 못했습니다."

"어허, 사헌부 관리라는 자가 어찌 아직도 명함을 안 만들었는가?"

대사헌의 말에 최청낭은 어쩔 줄을 모르고 고개를 푹 숙였어요.

"벼슬길에 오르면 반드시 출신지와 세대주 그리고 집안 식구와 나이 따위의 이력 사항을 자세히 적어 가지고 있어야 하네. 그러다 누가 명함을 보여 달라고 하면 그 종이를 보여 줘야 하는 게야."

그 뒤로 최청낭은 어디를 가든 명함을 꼭 갖고 다녔다고 해요.

명함(名銜)은 '성명(姓名)'과 '관함(官銜)'의 뒤 글자만 따서 합친 말이에요. 성명은 이름이고 관함은 관직을 거쳐 온 경력을 말해요. 조선 시대에는 관직에 오른 사람들만 명함을 갖고 다녔는데, 당시 명함은 그 사람의 사회적 지위와 출신을 나타내는 신분증 같은 것이었어요.

조선 시대에는 명함이 남의 집을 방문할 때도 쓰였어요. 아는 사람 집을 방문했다가 주인이 없어 그냥 돌아올 때는 명함을 남기곤 했죠. 이때 신분이 너무 보잘것없으면 상대방이 자신을 업신여길 테니까 명함조차 내밀지 못하는 경우가 종종 있었다고 해요. 그래서 나온 말이 바로 '명함도 못 내밀다'예요.

교활 狡猾
간사하고 꾀가 많음

- **교활**: 狡 교활할 **교** | 猾 교활할 **활**

뜻 간사하고 꾀가 많음.
예문 ① 그는 여우처럼 **교활**하다.
②저렇게 **교활**한 사람은 처음 봤다.

비슷한 한자어: 간사(奸詐)
뜻 나쁜 꾀가 있어 거짓으로 남의 비위를 맞추는 태도.
예문 저들은 **간사**한 꾀로 남을 속이는 무리다.

교활(狡猾)은 본래 『산해경』이라는 책에 나오는 상상의 동물이에요. '교(狡)'는 개와 비슷하게 생겼는데, 온몸에 표범처럼 얼룩무늬가 있고 머리에는 뿔이 달려 있다고 해요. '활(猾)'은 사람처럼 생겼는데, 온몸에 돼지털이 나 있고 뼈가 없대요.

하루는 활이 교를 찾아와 이렇게 말했어요.

"교야, 배가 고픈데 우리 호랑이 잡아먹지 않을래?"

활의 말에 교는 화들짝 놀라 눈을 동그랗게 떴어요.

"호랑이라고? 야, 호랑이는 숲속에서 가장 힘이 센데, 우리가 어떻게 호랑이를 잡아먹어?"

"후후, 다 생각이 있으니까 나만 믿어."

말이 끝나기가 무섭게 활은 토끼로 변신하더니, 제 발로 호랑이 앞으로 걸어갔어요. 호랑이는 이게 웬 떡이냐 하며 토끼를 잡아먹었지요.

산 채로 호랑이 배 속에 들어간 활은 호랑이의 내장을 야금야금 파먹었어요. 호랑이는 얼마 못 가서 숨을 거두고 말았지요. 활은 호랑이 가죽을 찢고 밖으로 나왔어요. 그러고는 교를 바라보며 씩 웃었어요.

이 이야기에서 '교활하다'라는 말이 생겨났다고 해요. 간사하고 꾀가 많다는 뜻이죠.

교활과 비슷한 한자어로는 '음흉(陰凶)'이 있어요. 음흉은 '겉으로는 부드러워 보이지만 속으로는 엉큼하고 흉악하다'는 뜻이에요.

백일장 白日場

낮에 열리는 글쓰기 대회

- **백일장**: 白 흰 **백** | 日 해 **일** | 場 마당 **장**
- (뜻) 글쓰기를 장려하기 위해 실시하는 글쓰기 대회.
- (예문) ① 그는 백일장에 참가하여 장원을 했다.
  ② 학교에서 백일장 대회가 열렸다.

조선 시대의 한 수령은 매일 아침 조회를 했어요. 이 조회 시간만 되면 하급 관리들은 골머리를 앓았어요. 왜냐하면 조회 시간마다 백성들이 잘 살 수 있는 방안을 하나씩 내놓아야 했거든요.

"오늘은 과거에 낙방한 우리 고을 선비들을 위로하고 싶은데, 무슨 좋은 방도가 없겠는가?"

수령이 묻자 이방이 대답했어요.

"사또, 과거에 떨어진 선비들의 자존심을 되찾게 하는 데는 뭐니 뭐니 해도 시문(詩文) 짓기 대회가 제격일 듯합니다."

"오호, 시문 짓기 대회라! 그런데 그런 대회에 참여할 선비가 있겠는가?"

"그럼요, 있고말고요. 요즘 각 지방에서는 과거 형식을 흉내 낸 시문 짓기 대회가 유행인데, 많은 선비들이 참여하고 있다고 합니다."

이방의 말처럼 조선 시대에는 지방 유생들의 학업을 장려하기 위해 과거 시험 형식을 흉내 낸 시문 짓기 대회가 유행했어요. 이런 글쓰기 대회를 가리켜 '백일장(白日場)'이라고 했답니다. 흰 백(白), 해 일(日), 마당 장(場) 자를 쓰지요.

그런데 왜 하필 백일장이라고 했을까요? 그 이유는 밤에 치러지는 글쓰기 대회가 이미 있었기 때문이에요. 조선 시대에는 뜻이 맞는 선비들끼리 달밤에 모여 시를 짓는 '망월장(望月場)'이라는 행사가 있었거든요. 그래서 그와 대조적으로 대낮에 시문 짓기 대회를 한다고 하여 '백일장'이라고 한 거예요.

지금은 학교 등에서 글쓰기를 장려하기 위해 여는 글쓰기 대회를 통칭하는 말로 쓰인답니다.

용수철 龍鬚鐵

이야기 속 용의 수염처럼 탄력이 있는 쇠줄

- 용수철: 龍 용 | 鬚 수염 수 | 鐵 쇠 철

뜻) 늘고 주는 탄력이 있는 나선형으로 된 쇠줄.
예문) ① 그는 용수철처럼 튕겨 나갔다.
　　　② 컴퓨터 자판에도 용수철이 쓰인다.

아주 옛날부터 중국에 전해 내려오는 이야기예요. 하늘에서 멋진 동물 뽑기 대회가 열렸어요. 세상의 온갖 동물들이 1등을 차지하고 싶어 자기 자랑을 시작했어요.

"난 어느 누구보다 뾰족하고 예쁜 귀가 있어."

토끼의 말이 끝나기가 무섭게 말이 앞으로 나섰어요.

"내 다리보다 더 멋진 건 없어. 나는 이 튼튼한 다리로 눈 깜짝할 사이에 산을 몇 개나 넘을 수 있지."

바로 그때 용이 나서며 말했어요.

"이 세상에 내 수염보다 더 멋진 건 없어. 잘 봐! 내 수염이 어떻게 변하는지."

용이 꼬불꼬불한 수염을 잡았다가 놓으니 금세 제자리로 돌아갔어요. 그 모습을 보고 동물들은 모두 탄성을 질렀어요. 용은 수염 덕분에 최고로 멋진 동물로 뽑혔지요.

유럽에서 만들어진 스프링은 15세기 무렵 중국에 들어왔어요. 사람들은 이 스프링을 뭐라고 불러야 할지 몰라 골똘히 생각해 봤어요. 그러다 아주 재미있는 생각을 떠올렸어요.

"그래! 모양이 늘어났다 금방 다시 줄어드는 모습이 마치 옛이야기에 나오는 용의 수염 같잖아. 앞으로 이 물건은 용수철이라고 부릅시다."

이렇게 해서 '용수철'이라는 한자어가 생겨났다고 해요.

스프링, 즉 용수철은 누구나 다 알 거예요. 그렇지만 용수철의 '용수'가 용 용(龍)에 수염 수(鬚) 자를 써서 '용의 수염'이라는 뜻인 줄은 몰랐죠?

철면피

지나치게 뻔뻔한 사람

- **철면피** : 鐵 쇠 **철** | 面 낯 **면** | 皮 가죽 **피**
- **겉뜻** '쇠처럼 두꺼운 낯가죽'이라는 뜻.
- **속뜻** 지나치게 뻔뻔한 사람을 이르는 말.
- **예문** 자기 잘못을 전혀 뉘우치지 않다니, 철면피가 따로 없네!
- **비슷한 고사성어 :** 후안무치(厚顔無恥)
- **뜻** 얼굴이 두껍고 부끄러워할 줄 모름.

옛날 중국에 출세를 위해서라면 무슨 일이든 가리지 않는 왕광원이라는 사람이 있었어요. 어느 날, 높은 벼슬아치가 그저 그런 평범한 시를 한 수 지었어요. 아무도 그 시를 칭찬하는 사람이 없었지요. 오직 왕광원만 입에 침이 마르도록 칭찬했어요.

"우아, 정말 굉장한 시로군요. 저는 죽었다 깨도 이런 시는 절대 못 쓸 겁니다."

그러자 옆에 있던 사람들이 왕광원에게 한마디씩 했어요.

"자네는 부끄럽지도 않나? 마음에도 없는 말을 어떻게 그렇게 술술 하는가?"

그러나 왕광원은 아랑곳하지 않고 계속 아부했어요.

또 이런 일도 있었어요. 왕광원과 함께 술을 마시던 높은 벼슬아치가 술에 취해 갑자기 채찍을 휘둘렀어요. 주변에 있던 사람들은 모두 놀라 달아났지요. 그런데 왕광원은 오히려 엉덩이를 내밀며 이렇게 말했다지 뭐예요.

"장군님의 매라면 기꺼이 맞겠습니다."

이 모습을 보고 사람들은 왕광원을 비난했지만, 왕광원은 부끄러운 기색이 전혀 없었죠.

"내가 뭘 잘못했다고 그러는가? 어떡하든 높은 분들에게 잘 보여 두어야 출세를 할 거 아닌가?"

사람들은 "광원의 부끄러운 얼굴은 열 겹의 철갑처럼 두껍다."라고 흉을 봤어요. 그 뒤로 지나치게 뻔뻔하고 부끄러움을 모르는 사람을 쇠 철(鐵), 낯 면(面), 가죽 피(皮) 자를 써서 '철면피'라고 불렀다고 해요.

점심

낮에 끼니로 먹는 음식

- 점심: 點 점 점 | 心 마음 심
- 뜻) 낮에 끼니로 먹는 음식.
- 예문) ①오늘 점심에는 설렁탕을 먹자.
  ②점심시간을 30분 더 연장하면 좋겠다.

중국의 한세충이라는 사람은 8000명의 병사로 적군 10만 명을 물리친 유명한 장수예요. 그의 아내는 전투가 벌어지면 물과 음식을 날라 병사들에게 먹이면서 사기를 높이는 일을 도맡았지요.

하루는 손수 만두를 빚어 병사들에게 나눠 주고 있었어요. 그런데 그날따라 병사들 수에 견주어 만두의 양이 턱없이 적지 뭐예요. 이를 알아차린 한세충의 아내는 만두를 딱 하나씩만 나눠 주며 이렇게 말했어요.

"오늘은 만두가 많지 않으니까 '마음에 점' 하나 찍는다고 생각하세요."

이 일화에서 바로 '점심'이라는 말이 생겼어요. 점 점(點)에 마음 심(心) 자를 써서, '마음에 점을 찍듯 적게 먹는 음식'이라는 뜻이랍니다.

그런데 '점심'이 불교에서 나온 말이라는 주장도 있어요.

옛날에 먼 길을 떠난 스님이 있었어요. 저녁때는 아직 멀었는데 갑자기 너무 배가 고파 걷기가 힘들었어요. 그때 어떤 나그네가 스님에게 먹을 것을 조금 나눠 주었답니다.

"고맙습니다. 이 음식 덕분에 기력을 되찾았습니다."

이 유래에 따르면, '점심'은 배가 고파서 집중력이 떨어질 때 '마음에 다시 불이 반짝 붙을 수 있을 정도로 간단하게 먹는 음식'이라는 뜻을 담고 있지요.

어느 쪽이 진짜 유래인지는 확실하지 않지만, 요즘에는 점심을 아침과 저녁 못지않게 푸짐하게 먹는 것 같죠?

상인

장사를 직업으로 하는 사람

- 상인 : 商 장사 상 | 人 사람 인
- (뜻) 장사를 직업으로 하는 사람.
- (예문) 시장 안은 상인들이 손님을 부르는 소리로 늘 시끌벅적했다.

중국의 상나라는 주나라 무왕에 의해 멸망했어요. 그런데 주나라 무왕은 몹시 잔인한 사람이었어요.

"상나라 왕조의 후예인 상나라 사람은 모조리 죽여라!"

그래서 수많은 사람들이 목숨을 잃었어요. 용케 화를 피한 사람들도 한곳에 머물러 살 수가 없었어요. 그러다가 신분이 드러나면 목숨을 잃었으니까요. 살아남은 상나라 사람들은 고민이 이만저만이 아니었어요.

"한곳에 눌러살지 못하게 되었으니 이를 어쩌지?"

"그러니 농사도 지을 수 없고……. 앞으로 어떻게 먹고산담?"

이때 한 사람이 이렇게 말했어요.

"여러분! 거리로 나가 장사를 합시다. 그러면 굶어 죽지는 않을 거예요."

그리하여 상나라 사람들은 여기저기 떠돌며 장사를 시작했어요.

사람들은 이렇게 길을 떠돌며 살아가는 상나라 사람들을 행상(行商)이라고 불렀어요. 행상은 점포 없이 이리저리 돌아다니며 물건을 파는 일을 뜻해요.

그런데 행상을 하는 사람들이 대부분 상나라 사람들이었기 때문에 '상인(商人)'이라고도 불렀어요. 그러니까 '상인'은 본래 '상나라 사람'이라는 뜻이 있던 말이었어요. 그러다 세월이 흐르면서 장사를 직업으로 하는 사람을 '상인'이라고 부르게 됐답니다.

짐작

사정이나 형편 따위를 어림잡아 헤아림

- **짐작**: 斟 헤아릴 **짐** | 酌 따를 **작**
  - (뜻) 사정이나 형편 따위를 어림잡아 헤아림.
  - (예문) 앞으로 무슨 일이 벌어질지 짐작할 수가 없다.
  - **비슷한 한자어**: 예측(豫測)
    - (뜻) 미리 헤아려 짐작함.
    - (예문) 이번 태풍의 경로는 예측하기가 힘들다.

옛날 귀족들은 아들이 크면 술 따르는 법부터 가르쳤다고 해요.

"앞으로 벼슬길에 나가면 높은 분들과 술자리를 함께할 때가 많을 게다. 그럴 때는 꼭 예법에 맞게 처신해야 한다. 알겠느냐?"

아버지 말에 아들은 머리를 조아리며 대답했어요.

"네, 명심하겠습니다."

아버지는 먼저 술잔을 잡는 법부터 가르쳤어요.

"웃어른들에게 술을 따를 때는 우선 이렇게 무릎을 꿇고 두 손으로 잔을 들어야 한다."

아버지는 아들이 설명을 잘 듣는지 살핀 뒤에 말을 이었어요.

"또한 잔에 술이 넘쳐서도 안 되고 너무 술이 적어도 안 된다. 술을 받는 분의 표정을 살펴 그분이 술을 어느 정도 원하는지를 헤아릴 수 있어야 하는데, 이것을 '짐작(斟酌)'이라고 한다. 알겠느냐?"

옛날에 사용하던 술잔은 투명하지 않았기 때문에 술을 적당히 따르기가 어려웠다고 해요. 그래서 술을 따르기 전에 얼마나 따를지 미리 잘 살피고 따라야 한다는 의미로 헤아릴 짐(斟), 따를 작(酌) 자를 써서 '짐작'이라는 말이 생겨난 거예요.

요즘에는 의미가 확대되어 '어떤 사정이나 형편 따위를 어림잡아 헤아린다'라는 뜻으로 쓰인답니다.

섭씨 攝氏

'섭씨'라는 사람이 만든 온도 단위

- 섭씨: 攝 당길 섭 | 氏 성 씨

(뜻) 얼음의 녹는점을 0℃, 물의 끓는점을 100℃로 하여 그 사이를 100등분한 단위.
(예문) ① 물은 섭씨 100도에서 끓는다.
② 오늘도 섭씨 35도를 넘는 무더위가 이어지겠습니다.

관련 한자어: 화씨(華氏)
(뜻) 얼음의 녹는점을 32°F, 물의 끓는점을 212°F로 하여 그 사이를 등분한 온도 단위.
(예문) 미국에서는 화씨를 온도 단위로 사용한다.

"오늘 기온은 섭씨 35도로 몹시 무덥겠습니다."

이런 일기 예보를 들어 본 적 있죠? 우리나라를 비롯한 대부분의 국가들은 온도를 측정할 때 '섭씨'라는 단위를 써요.

이 섭씨라는 말은 과학 교과서에도 자주 등장하는 한자어예요. 섭씨는 1742년에 스웨덴의 천문학자 셀시우스(Celcius)가 만든 단위로, 셀시우스 이름의 첫 글자를 따서 '℃'라고 표시하지요.

그런데 왜 섭씨라는 이름이 붙었을까요? 여기에는 아주 재미있는 이야기가 숨겨져 있어요. 중국 사람들은 셀시우스가 만든 온도 단위를 받아들이면서 그의 이름 때문에 골머리를 앓았어요.

"셀시우스를 중국어로 어떻게 써야 할까요?"

"한자로는 알파벳 이름을 그대로 쓸 수 없으니, 발음이 비슷한 한자를 써서 새로 이름을 만듭시다."

"오, 그게 좋겠네요. 그럼 '섭이사(攝爾思)'라고 쓰면 어떨까요?"

이렇게 해서 셀시우스는 중국에서 '섭이사'라는 이름으로 불렸어요. 그런데 이름의 맨 앞 글자를 성으로 보는 중국 문화 때문에 '섭'이 성이고, '이사'가 이름이라고 잘못 알려지게 됐지요. 그래서 섭이사의 성에 해당하는 '섭'에 사람을 높이는 말인 '씨(氏 성 씨)'를 붙여 '섭씨'라고 했답니다.

섭이사가 만든 온도 단위도 그의 이름을 따서 '섭씨'라고 부르기로 했어요. 그리고 이 말이 우리나라에 들어와서도 그대로 '섭씨'로 쓰였죠. 이처럼 '섭씨'라는 말은 엉뚱하게도 김씨, 이씨, 박씨 같은 성씨에서 유래한 한자어랍니다.

동장군 冬將軍
혹독한 겨울 추위

- **동장군**: 冬 겨울 동 | 將 장수 장 | 軍 군사 군

  겉뜻 겨울 장군이라는 뜻.
  속뜻 혹독한 겨울 추위를 비유적으로 이르는 말.
  예문 다음 주부터 동장군이 기승을 부리겠습니다.

  비슷한 한자어: 엄동설한(嚴冬雪寒)
  뜻 눈 내리는 깊은 겨울의 심한 추위.
  예문 뼈를 에는 듯한 엄동설한에는 외출을 삼가는 편이 좋다.

1812년, 프랑스의 나폴레옹은 60만 대군을 이끌고 러시아로 쳐들어갔어요. 이때 러시아 군대는 전면전을 피하기 위해 일단 후퇴했어요. 그래서 나폴레옹이 모스크바에 도착했을 때 그곳에는 아무도 없었어요.

　"이거 너무 싱겁게 러시아를 점령했구나."

　그런데 며칠 뒤, 상황이 완전히 달라졌어요. 갑자기 매서운 추위가 몰아닥쳤거든요.

　"사령관님, 추위가 점점 심해져서 병사들이 죽어 나가고 있습니다. 안타깝지만 후퇴해야 좋을 듯합니다."

　나폴레옹은 갑작스러운 혹독한 추위 탓에 눈물을 머금고 후퇴해야 했어요. 프랑스로 돌아온 병사들은 주변 사람들에게 모스크바에서 겪은 엄청난 추위 얘기를 했어요. 그 이야기를 들은 사람들은 "과연 러시아 추위가 대단하구나!"라고 입을 모았답니다.

　얼마 후, 이 소식을 전해 들은 영국 언론은 나폴레옹이 러시아 원정에 실패한 원인을 분석하는 기사에서 러시아의 추위를 'general(일반적인) frost(서리)'라고 표현했어요. 모스크바의 평범한 서리(추위)가 무서워서 후퇴했다고 나폴레옹 군대를 비꼰 것이죠.

　그런데 이 말을 일본에서 번역할 때 엉뚱하게 '동장군'이라는 표현을 썼어요. 'general'이라는 영어 단어에는 '장군'이라는 의미도 있거든요. 이 표현을 그대로 가져와 우리도 동장군이라는 말을 쓰게 된 거예요. 동장군을 글자 그대로 해석하면 '겨울 장군'으로, 겨울의 매서운 추위를 의인화한 말이죠. 정말 뜻밖의 유래라고 할 수 있죠?

압권

여럿 중에서 가장 뛰어난 것

- 압권 : 壓 누를 압 | 卷 책 권

겉뜻 위의 책이 아래 책을 누름.
속뜻 여럿 중에서 가장 뛰어난 것.
예문 ①마지막 장면은 정말 압권이었다.
②이 게임은 올해 나온 게임 중 단연 압권이다.

비슷한 한자어 : 백미(白眉)
뜻 '흰 눈썹'이라는 뜻으로, 여럿 가운데에서 가장 뛰어난 사람이나 훌륭한 물건을 비유적으로 이르는 한자어.

조선 시대에 박문수가 과거 보러 갈 때 이야기예요. 하도 피곤한 탓에 정자에서 깜박 잠이 들었는데, 누가 박문수를 깨웠어요.

"선비님, 어디 가십니까?"

"과거 보러 한양에 가는 길이오만……."

그러자 그는 고개를 저으며 이렇게 말했어요.

"과거 시험은 이미 끝났답니다. 믿지 못하시겠다면 이번에 장원 급제한 글귀를 읊어 드리겠습니다. 이번 과거의 시제는 '낙조'였습니다."

그러더니 시 한 수를 줄줄 읊지 뭐예요.

깜짝 놀라 정신을 차려 보니 다행히 꿈이었어요. 박문수는 가슴을 쓸어내리며 과거 시험장으로 갔어요.

이윽고 시험관이 들어와 시제를 내걸었어요. 그런데 시제가 바로 '낙조' 아니겠어요? 박문수는 한동안 멍하니 시제를 바라보다가 꿈에서 들은 글귀를 줄줄 써 내려갔어요.

과거가 끝난 뒤, 시험관들이 머리를 맞대고 합격자를 뽑았어요.

"오! 박문수가 쓴 이 글은 사람의 솜씨가 아닌 것 같소. 이 글을 장원으로 올립시다."

채점이 끝나면 시험관들은 합격한 답안지를 모아 임금에게 바쳤어요. 그중 가장 뛰어난 답안지를 맨 위에 올려 임금에게 승인받았지요. 이때 가장 뛰어난 답안지가 나머지 답안지들을 누른다고 해서, 맨 위에 있는 그 답안지를 '압권'이라고 했어요. 누를 압(壓), 책 권(卷) 자를 쓰지요. 요즘에는 여럿 가운데 가장 뛰어난 것을 가리킬 때 압권이라는 표현을 써요. 하나의 책이나 작품 중에서 가장 잘된 부분을 일컫는 말로도 쓰여요.

염치 廉恥

체면을 차릴 줄 아는 마음

- **염치** : 廉 청렴할 **염** | 恥 부끄러워할 **치**

뜻 체면을 차릴 줄 알며 부끄러움을 아는 마음.
예문 염치도 없이 넙죽넙죽 받아먹기만 한다.

관련 한자어 : 몰염치(沒廉恥)
뜻 염치가 없음.

조선 시대에는 관리를 임명할 때, 신하들이 후보 세 명의 이름을 적어 왕에게 추천했어요. 그러면 마지막에 왕이 그중에서 한 명을 뽑았지요.

한 신하가 후보자들 이름을 쭉 훑어보고는 세 명을 추려 냈어요.

"이들을 주상께 추천하면 어떻겠습니까?"

그러자 다른 신하가 정색을 하며 고개를 저었어요.

"이들은 절대 안 됩니다."

"무슨 연유로 안 된다고 하십니까? 이 셋은 그동안 나라를 위해 공을 많이 세웠고 학식도 풍부한 인재들인데요."

"그렇지만 이들은 '염치'를 모른다고 소문난 자들입니다. 염치를 모르는 자는 절대 관리로 임명할 수 없습니다."

이처럼 조선 시대에는 관리를 임명할 때 여러 조건을 살폈는데, 그중에서도 염치를 아주 중요하게 생각했답니다.

'청렴할 염(廉), 부끄러워할 치(恥)'라는 글자에서 알 수 있듯 염치는 남에게 신세를 지거나 폐를 끼칠 때 부끄럽고 미안한 마음을 품는 것을 말해요. 염치는 일상생활에서 자주 들을 수 있는 말이에요. 예를 들어 아이가 이모에게 과자를 사 달라고 자꾸 떼를 쓰면, 엄마가 "얘, 너는 애가 염치도 없이 왜 그러니?"라고 혼내기도 하죠.

그런데 우리말 '얌체'도 '염치'에서 나온 말이라는 사실을 알고 있나요? 염치는 시간이 흐르면서 '염치'-'얌치'-'얌체'로 바뀌었어요. '얌체'는 '염치가 없는 사람'을 가리키는 말이지요. 얌체는 한자어 '염치'에 뿌리를 두고 있지만, 고유어로 변해 한글로만 표기할 수 있어요.

난장판 (亂場판)

어지럽게 뒤엉켜 뒤죽박죽이 된 곳

- **난장 -판:** 亂 어지러울 **난** | 場 마당 **장**
- **뜻** 여러 사람이 어지러이 뒤섞여 떠들어 대거나 뒤엉켜 뒤죽박죽이 된 곳. 또는 그런 상태.
- **예문** ① 고양이 때문에 집 안이 완전히 난장판이 되었다.
  ② 서로 자기 의견이 옳다고 떠들어 대서 회의가 난장판이 되었다.

김 선비가 과거 시험장 입구에 서 있자 이 생원이 말을 건넸어요.

"이봐요, 그렇게 과거 시험장 앞에 서 있다가는 큰코다칩니다. 사람들이 서로 좋은 자리를 차지하려고 우르르 몰려든단 말이오."

조선 시대 양반들은 과거에 목숨을 걸다시피 했어요. 과거에 급제해야 출세할 수 있었거든요. 그래서 과거를 치를 때마다 선비들이 몰려드는 바람에 과거 시험장은 시장마냥 시끌벅적했어요.

아니나 다를까, 잠시 뒤에 웬 건달들이 김 선비에게 시비를 걸어왔어요.

"이보쇼. 여긴 우리 도련님 자리인데 왜 당신이 차지하고 있는 게요? 저리 비키시오."

김 선비는 몽둥이를 들고 설치는 건달들 때문에 구석으로 밀려날 수밖에 없었어요.

과거를 치르는 뜰은 더 혼란스러웠어요. 사람들이 서로 더 좋은 자리를 차지하려고 아웅다웅하고 있었어요. 게다가 이런저런 물건을 파는 장사꾼들까지 들어와 있어서 과거를 보는 뜰은 정신이 하나도 없었답니다.

조선 시대에는 이렇게 과거를 치르던 뜰을 가리켜 '난장'이라고 했어요. 어지러울 난(亂)에 마당 장(場) 자를 써서 '어지러운 마당'이라는 뜻이죠. 난장은 조용하고 평화로운 적이 거의 없었어요. 항상 여러 사람이 어지럽게 뒤엉켜 떠들어 대는 바람에 몹시 어수선했지요. 그래서 언제부터인지 여러 사람이 모여 어지럽게 떠들거나 뒤죽박죽이 된 상태를 가리켜 '난장판'이라고 일컬었어요.

2장 뉴스에서 만나는 한자어

석권

빠른 기세로 영토를 휩쓸거나 세력을 넓힘

- **석권** : 席 자리 **석** | 捲 말 **권**

(겉뜻) 돗자리를 만다는 뜻으로, 거침없이 빠른 기세로 영토를 휩쓸거나 세력 범위를 넓히는 것.
(속뜻) 으뜸이 되는 것.
(예문) ① 올림픽에서 우리 양궁 대표 팀이 전 종목을 석권했다.
② 우리나라 라면이 세계 시장을 석권했다.

유방과 항우가 서로 중국 대륙을 차지하려고 전쟁을 하고 있을 때의 이야기예요.

항우의 부하 중에 위표라는 사람이 항우를 배신하고 유방 편에 붙었어요. 얼마 뒤에는 유방을 배신하고 다시 항우 편에 붙었지요. 그러다 결국 유방에게 잡혀 목숨을 잃었답니다.

"간사하게 여기 붙었다 저기 붙었다 하다니! 너를 살려 두면 또 배신할 테니 너의 목숨을 거두겠다."

한편 팽월이라는 사람도 위표처럼 항우와 유방 사이에서 배신을 일삼다 목숨을 잃었어요.

훗날 사마천은 『사기』라는 역사책에 위표와 팽월에 관해 이렇게 썼어요.

"위표와 팽월은 비천한 집안 출신으로 천 리의 땅을 석권(席捲)한 대단한 인물들이다. 그러나 배신을 밥 먹듯 하다 결국 죽임을 당했다."

이때 처음 생겨난 말인 '석권'은 자리 석(席), 말 권(捲) 자로 이루어진 한자어로, '돗자리를 둘둘 마는 것'이라는 뜻을 담고 있어요. 한 번 말기 시작하면 쉽게 둘둘 말리는 돗자리처럼 빠른 기세로 영토를 휩쓸거나 세력 범위를 넓힐 때 석권이라는 말을 쓴답니다.

요즘에는 어떤 유행이 휩쓸거나 어떤 위치에서 으뜸이 되었을 때도 석권이라는 표현을 써요. 조금만 관심을 기울이면 "아이돌 그룹 빌보드 핫100 차트 석권", "한국 드라마 전 세계 80개 국가에서 1위 석권", "한국 영화 아카데미상 3개 부문 석권" 같은 뉴스를 쉽게 접할 수 있어요.

낭패 狼狽

계획한 일이 실패로 돌아감

- **낭패**: 狼 이리 **낭** | 狽 이리 **패**
- **뜻** 계획한 일이 실패로 돌아가거나 기대에 어긋나 매우 딱하게 됨.
- **예문** 버스가 벌써 떠났다니, 이거 정말 **낭패**일세.

낭패(狼狽)는 '낭(狼)'과 '패(狽)'라는 상상의 동물에서 유래한 한자어예요. 낭과 패는 늑대와 비슷하게 생긴 동물인데, 낭은 뒷다리가 짧고 패는 앞다리가 짧아서 제대로 걸어 다닐 수가 없었어요.

그러던 어느 날, 꾀 많은 패가 좋은 생각을 내놓았어요.

"너는 앞다리가 멀쩡하고 나는 뒷다리가 멀쩡하니, 우리가 서로 도우면 어디든 마음대로 갈 수 있지 않을까?"

"아, 그렇구나! 왜 여태껏 그런 생각을 못 했지?"

그 뒤로 둘은 세상을 두루 돌아다녔어요. 그런데 둘은 성격이 달라서 싸울 때가 종종 있었어요.

"패야, 오늘은 이쪽으로 사냥을 가자."

"내 생각에는 저쪽에 사냥감이 많을 것 같으니 저쪽으로 가자."

이렇게 의견이 달라서 둘은 가끔 따로따로 사냥을 가기도 했어요. 하지만 그런 날에는 제대로 걸을 수가 없어 사냥은커녕 아무 일도 할 수 없었답니다.

이렇듯 이 둘이 틀어지면 일을 그르친다는 데서 '낭패'라는 말이 생겨났다고 해요. 낭패는 일이 몹시 꼬이거나 실패로 돌아간 경우를 가리킬 때 쓰는 말로, 뉴스에도 자주 등장하는 한자어예요. "정부의 발표 믿었다가 애꿎은 서민들만 낭패", "아무 집이나 덜컥 샀다간 낭패" 같은 표현을 쉽게 볼 수 있지요. 주로 '보다', '당하다'와 어울려서 '낭패를 보다', '낭패를 당하다'라고 표현해요.

박빙 薄氷

얼마 안 되는 아주 작은 차이

- 박빙: 薄 얇을 박 | 氷 얼음 빙
- (겉뜻) 아주 얇은 얼음.
- (속뜻) 근소한 차이를 비유적으로 이르는 말.
- (예문) ①1 대 0으로 박빙의 리드를 유지하고 있다.
  ②두 후보가 박빙의 승부를 펼치고 있습니다.

옛날 중국 주나라를 다스린 유왕은 엄청난 폭군이었다고 해요.

"누가 감히 내가 걸어가는 길을 더럽혔느냐? 당장 그자를 잡아 목을 베거라."

"폐하, 이 길이 지저분한 까닭은 어제 비가 많이 내렸기 때문입니다. 이 길을 더럽힌 자를 찾기는 어렵습니다."

그러자 화가 난 유왕은 이렇게 대답한 사람을 바로 그 자리에서 베었어요.

이 모습을 본 시철은 두려움에 떨며 어느 선비를 찾아가 물었어요.

"선비님, 나라를 다스리는 왕은 포악하고, 백성들은 눈앞의 이익에 눈이 멀어 서로 손해를 보지 않으려고 싸웁니다. 앞으로 제가 어떻게 행동해야겠습니까?"

그러자 선비가 시 한 수를 지어 주었는데, 그 시에는 이런 글이 적혀 있었어요.

"이런 시절에는 박빙(薄氷)을 밟듯 신중하게 생각하고 행동해야 합니다. 그래야 재앙을 피할 수 있습니다."

'박빙'은 얇을 박(薄), 얼음 빙(氷) 자를 써서 원래 '아주 얇은 얼음', '살얼음'이라는 뜻이에요. 그런데 의미가 점점 바뀌어서 지금은 '아주 작은 차이'를 비유적으로 이르는 말로 쓰이고 있어요. 특히 선거 결과를 발표하는 뉴스나 스포츠 중계에서 "손에 땀을 쥐게 하는 박빙의 승부입니다.", "A 후보와 B 후보의 득표 차가 박빙입니다."라고 표현하는 말을 쉽게 들을 수 있지요.

절충 折衷

서로 다른 의견이나 관점 따위를 알맞게 조절함

- **절충**: 折 꺾을 **절** ǀ 衷 속마음 **충**
  - (뜻) 서로 다른 사물이나 의견, 관점 따위를 알맞게 조절하여 서로 잘 어울리게 함.
  - (예문) 우리는 서로의 의견을 **절충**하여 좋은 방안을 마련하기로 했다.

- 비슷한 한자어: 조율(調律)
  - (뜻) 일이나 의견 따위를 적절하게 다루어 조화롭게 함.
  - (예문) 두 나라의 견해가 달라 **조율**이 필요하다.

중국 진나라의 왕이 신하 범소를 불러 명을 내렸어요.

"지금 당장 사신으로 가서 제나라 왕과 신하들의 기세를 꺾어 놓고 오게. 전쟁을 하려면 그들의 기세부터 눌러야 하네."

제나라의 왕은 범소가 찾아오자 큰 잔치를 베풀었어요. 이 잔치에서 범소는 제나라의 기세를 꺾으려고 감히 이렇게 말했어요.

"나는 왕의 잔에 술을 따라 마시고 싶소이다."

그러자 제나라의 재상 안영이 나서며 딱 잘라 거절했어요.

"어허, 그게 무슨 무례한 말씀이시오. 그렇게는 못 하겠소이다."

며칠 뒤에 진나라로 돌아간 범소는 제나라에서 있었던 일을 왕에게 보고했어요.

"폐하, 제가 기를 꺾어 놓으려 했지만 제나라의 기세가 훌륭했습니다. 제나라와는 전쟁을 하지 않는 편이 좋을 듯합니다."

이때 나온 말이 바로 '절충(折衝)'이에요. 꺾을 절(折)에 찌를 충(衝) 자를 쓰는 절충은 본래 '술잔과 안주가 놓여 있는 상 앞에서 적의 창 끝을 꺾는다'라는 뜻으로, 적이나 상대와 교섭하거나 담판하는 것을 가리켜요. 하지만 우리가 실생활에서 더 많이 쓰는 '절충(折衷)'은 꺾을 절(折)에 속마음 충(衷) 자를 쓰는 단어로, 어떤 일을 이루기 위해 자기 의견을 서로 조금씩 양보하고 조절하는 것을 뜻해요. 두 단어는 발음도 같고 뜻도 비슷하지만, 헷갈리지 않고 써야겠죠?

유예

일을 실행하는 날짜나 시간을 미룸

- 유예: 猶 원숭이 유 | 豫 미리, 코끼리 예
  - (뜻) 시일을 미루거나 늦춤. 또는 망설여서 일을 결정하지 않음.
  - (예문) ① 재산세 납입 유예 기간은 얼마나 되나요?
    ② 유예 기간을 줄 테니 그동안 잘 생각해 보고 결정해라.
- 비슷한 한자어: 보류(保留)
  - (뜻) 어떤 일을 당장 처리하지 않고 나중으로 미루어 둠.
  - (예문) 법원에서 보류 결정이 내려졌다.

'유예(猶豫)'라는 한자어의 어원은 동물 이름에서 찾을 수 있어요.

옛날 중국에 원숭이를 닮은 동물인 유(猶)가 살았는데, 유는 주로 땅 위에서 먹이를 구했어요. 그런데 유는 의심이 아주 많았어요. 바스락대는 소리만 들려도 화들짝 놀라 나무 위로 도망쳐 다시 내려오기를 망설였지요. 그러다 보니 먹이를 구하는 데 시간이 매우 오래 걸렸어요. 숲속 동물들은 그러는 유를 가리켜 세상에서 제일 의심이 많은 동물이라고 놀렸대요.

한편 그 숲속에는 코끼리를 닮은 예(豫)라는 동물도 살았어요. 예는 덩치가 엄청 컸지만, 유만큼이나 의심이 많았어요. 예가 얕은 시냇물을 건널 때조차 머뭇거리자 다른 동물들이 물었어요.

"넌 덩치가 커서 쉽게 건널 수 있을 텐데, 왜 그렇게 머뭇대니?"

그러자 예는 고개를 절레절레 흔들며 말했어요.

"그건 모르는 일이야. 시냇물이 갑자기 불어날 수도 있잖아."

이렇게 무슨 일이든 자꾸 망설이고 미루는 두 동물의 이름을 합쳐서 생겨난 말이 바로 '유예'예요. 원숭이 유(猶) 자와 코끼리 예(豫) 자를 합친 거지요. 요즘에는 어떤 일을 할 때 시작하는 날짜나 시간을 미루는 것을 유예라고 해요.

조금만 관심을 기울여 뉴스를 살펴보면 '유예 기간'이라든가 '집행 유예' 같은 말을 쉽게 찾을 수 있을 거예요. '유예 기간'은 어떤 일을 지금 당장 하지 않고 일정한 시간 동안 미루어 두는 기간을 말해요. 그리고 '집행 유예'는 일정한 기간 동안 형의 집행을 미루는 것을 가리킵니다.

대책 對策
어떤 일에 대처할 계획이나 방법

- **대책** : 對 대답할 **대** | 策 꾀 **책**
  - 뜻 어떤 일에 대처할 계획이나 수단.
  - 예문 ① 근본적인 대책을 내놓아야 한다.
    ② 뾰족한 대책이 없다.
- 비슷한 한자어 : 대비책(對備策)
  - 뜻 앞으로 일어날지도 모르는 어떤 일에 대응하기 위한 방책.
  - 예문 장마철을 맞아 홍수 대비책을 마련했다.

옛날 중국 한나라에서는 과거에 합격한 응시생들의 등수를 가리기 위해 독특한 시험을 한 번 더 치렀어요.

"이 시험에서는 응시자들에게 각각 다른 문제가 주어지니, 자기 앞에 놓인 책을 잘 보고 답을 적으면 됩니다."

이때 감독관이 말한 책은 여러분이 알고 있는 지금의 책과는 전혀 다른 모습이었어요. 옛날에는 종이가 없어서 대나무를 가느다랗게 쪼개어 그 안쪽에 글씨를 적었는데, 그것을 '책(策)'이라고 했답니다.

이윽고 감독관이 책을 잔뜩 들고 왔어요.

"자, 이제 문제가 적힌 책을 읽고 답을 적으시오."

응시생들은 문제가 적혀 있는 책을 보며 생각에 잠겼어요. 그러다 좋은 생각이 떠오르면 붓을 들고 답을 써 내려갔답니다.

이와 같이 대나무 조각으로 만든 책을 보고 답하는 것을 가리켜 '대책(對策)'이라고 했어요. 글자 그대로는 '책을 마주하고 답을 내놓다' 정도로 풀이할 수 있지요. 요즘에는 의미가 확대되어, '어떤 일에 대처할 계획이나 수단'이라는 뜻으로 쓰여요.

대책은 뉴스에 아주 많이 등장하는 한자어로, '기아 대책', '부동산 대책', '학교 폭력 대책', '코로나 대책' 등으로 쓰이고 있어요. 한편 제멋대로 행동해서 막을 방법이 없는 사람을 가리킬 때 '대책 없는 사람'이라고 표현하기도 해요.

희생양

다른 사람의 목적이나 이익을 위해 희생당하는 사람

- 희생양 : 犧 희생 희 | 牲 희생 생 | 羊 양 양
- (겉뜻) 희생이 되어 제물로 바쳐지는 양.
- (속뜻) 다른 사람의 이익이나 어떤 목적을 위하여 목숨, 재산, 명예, 이익 따위를 빼앗긴 사람을 비유적으로 이르는 말.
- (예문) 그는 당파 싸움의 희생양이 되었다.

우리나라에서 멀리 떨어진 이스라엘에는 유대인이 많이 모여 살았어요. 옛날에 유대인들은 속죄의 날이 되면 모두 성전 앞에 모여 예배를 올렸어요. 이때 대사제가 숫염소 두 마리를 놓고 주사위를 던졌다고 해요.

"주사위를 던져 하나님에게 바칠 염소와 악마에게 바칠 염소를 결정하겠소."

대사제는 주사위를 던져 염소들의 운명을 결정했어요. 그런 다음 악마에게 바쳐질 염소의 머리에 두 손을 얹으며 이렇게 말했어요.

"이제 이스라엘 온 백성의 이름으로 기도를 드리겠소."

대사제는 기도하면서 한 해 동안 이스라엘 백성이 지은 모든 죄를 고백했어요. 그리고 그 죄를 모두 숫염소에게 뒤집어씌웠어요.

"자, 우리가 한 해 동안 지은 죄는 모두 이 숫염소가 가져갔소."

기도가 끝나면 사람들은 염소를 끌고 가 악마에게 제물로 바쳤다고 해요. 이 의식을 통해 사람들은 자기 죄가 모두 씻겨 나갔다고 믿었답니다.

이때 제물로 바친 염소를 이스라엘 사람들은 'scapegoat'라고 했는데, 이 말이 우리나라에 들어와서 '희생양'이라고 번역됐어요. 희생 희(犧), 희생 생(牲), 양 양(羊) 자를 써서 '희생되어 제물로 바쳐지는 양'이라는 뜻이지요.

현재 희생양은 '억울하게 죄를 뒤집어쓴 피해자'를 가리키는 말로 많이 써요. "○○○ 씨, 가짜 뉴스의 희생양이 되다." 이런 식으로 쓰이지요.

금자탑 金字塔

후세에 남을 만한 뛰어난 업적

- **금자탑**: 金 쇠 **금** | 字 글자 **자** | 塔 탑 **탑**

겉뜻 피라미드를 이르던 말.
속뜻 길이 후세에 전해질 만한 뛰어난 업적을 비유적으로 이르는 말.
예문 ① 우리나라 대표 팀이 위대한 금자탑을 세웠다.
② 역사에 길이 남을 금자탑을 쌓았다.

쯔이는 영어를 중국어로 번역하는 일을 해요. 그런데 중국어에는 영어 발음과 비슷한 글자가 없는 경우가 많아서, 완전히 다른 말로 번역하는 일이 흔하답니다.

하루는 후배 번역가가 쯔이에게 물었어요.

"선배님, 컴퓨터를 뭐라고 번역해야 할까요?"

쯔이는 잠시 생각하고 나서 이렇게 말했어요.

"컴퓨터는 사람 머리처럼 똑똑하고 전기로 움직이니까 '전기 두뇌(電腦: 디안나오)'라고 번역해서 쓰자."

이처럼 중국에는 외국어를 번역하는 과정에서 생겨난 독특한 말이 아주 많아요. '금자탑(金字塔)'도 이렇게 해서 생겨난 한자어랍니다. 혹시 금자탑이 '금(金)으로 만든 탑'이라고 생각하지 않았나요? 아쉽지만 금자탑은 진짜 금과는 전혀 관련이 없는 말이에요.

금자탑의 한자를 풀어 보면, 그 뜻을 쉽게 알 수 있어요.

金(쇠 금) + 字(글자 자) + 塔(탑 탑)

즉 '금(金) 자 모양의 탑'이라는 뜻으로, 본래는 이집트의 건축물인 피라미드를 가리키던 말이에요. 피라미드를 중국어로 번역할 때, 뾰족한 피라미드의 모양이 金(쇠 금) 자와 닮았다고 해서 금자탑이라는 말이 만들어진 거예요.

그런데 이 말은 우리나라에 들어오면서 뜻이 바뀌었어요. 수많은 사람들의 노력과 희생으로 만들어져 오랜 세월을 굳건히 버티며 서 있는 피라미드처럼, 아주 뛰어난 성과나 후세에 길이 남을 위대한 업적을 '금자탑'이라고 하지요.

심금 心琴
미묘하게 움직이는 마음

- **심금** : 心 마음 **심** | 琴 거문고 **금**
  - (겉뜻) 마음의 거문고.
  - (속뜻) 어떤 자극을 받아 미묘하게 움직이는 마음을 비유적으로 이르는 말.
  - (예문) 이 작가의 글은 심금을 울린다.

  - **비슷한 한자어 :** 감동(感動)
    - (뜻) 크게 느끼어 마음이 움직이다.
    - (예문) 그 영화는 나에게 깊은 감동을 주었다.

부처님의 제자 중에 '스로오나'라는 사람이 있었는데, 그는 고행을 통해 깨달음을 얻으려고 했어요. 그래서 며칠 동안 밥도 먹지 않고 보리수나무 아래 앉아 수행을 하곤 했지요.

그런데 아무리 열심히 수행해도 스로오나는 깨달음을 얻지 못했어요. 그러자 부처님이 스로오나를 불렀어요.

"스로오나야, 혹시 거문고를 켜 본 적이 있느냐?"

"네, 있습니다."

"거문고의 줄이 팽팽해야 소리가 곱더냐?"

"아니요."

"잘 알고 있구나. 거문고는 줄이 지나치게 팽팽하지도, 늘어지지도 않아야 고운 소리가 난단다. 수행도 이와 마찬가지야. 너무 강하거나 너무 약하게 해서는 안 된다. 알맞게 수행을 해야 깨달음에 이를 수 있는 법이란다."

부처님의 이 말씀에서 '심금'이라는 말이 나왔다고 해요. 심금은 마음 심(心)과 거문고 금(琴)이 합쳐진 말로, 글자 그대로 해석하면 '마음의 거문고'라는 뜻이에요. 어떤 자극을 받아 마음이 미묘하게 움직일 때 쓰는 말이지요. 보통 '울리다'라는 말과 결합해서 '심금을 울리다'라는 식으로 써요.

'심금을 울리다'라는 말은 '마음에 깊은 감동을 일으키다'라는 뜻이에요. 영화나 음악 등을 소개할 때 "이러저러한 영화가 관객들의 심금을 울렸다.", '심금을 울리는 노래' 같은 표현을 볼 수 있어요.

빈축

다른 사람을 비난하거나 미워함

- 빈축 : 嚬 찌푸릴 빈 | 蹙 찡그릴 축

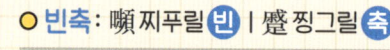

- 겉뜻 눈살을 찌푸리고 얼굴을 찡그리는 것.
- 속뜻 남을 비난하거나 미워함.
- 예문 ① 그 연예인은 노출이 심한 옷을 입어서 빈축을 샀다.
  ② 그의 부인은 주위의 빈축을 무시했다.

옛날 중국 월나라에 서시라는 미인이 살았어요. 서시는 용모가 아름다워 많은 사람들의 부러움을 샀다고 해요.

그런데 서시에게는 한 가지 고민거리가 있었어요. 위장병에 자주 시달렸다는 거예요. 하루는 서시가 시장에 갔는데, 갑자기 위가 쓰려 왔어요. 서시는 고통을 참지 못해 배를 움켜쥐며 눈살을 살짝 찌푸렸어요. 그러자 사람들은 그 모습을 보고 탄성을 질렀어요.

"와, 서시는 눈살을 찌푸리는 모습마저 정말 아름답구나!"

이 소문은 삽시간에 온 마을에 퍼졌어요. 마을에는 평소 서시를 동경하던 여인이 있었는데, 이 여인은 그 소문을 듣고 무릎을 탁 쳤어요.

"아, 그렇구나! 눈살을 찌푸리면 아름다워 보일 수 있구나!"

그날부터 이 여인은 걸핏하면 얼굴을 찡그리고 다녔어요. 그 모습을 보며 사람들은 뒤에서 여인을 비웃었어요. 아름다워 보이는 사람의 모습을 무작정 따라 한다고 그 아름다움이 내 것이 되는 건 아니니까요.

찌푸릴 빈(嚬)에 찡그릴 축(蹙) 자를 쓰는 '빈축'은 본래 '눈살을 찌푸리고 얼굴을 찡그림'이라는 뜻이에요. 그런데 이 여인이 서시를 흉내 내고 다닌 뒤로, 자신의 처지는 아랑곳하지 않고 남의 행동을 따라 하는 것을 가리켜 '빈축'이라고 했대요.

이 뜻이 확대되면서 요즘에는 사람들이 눈살을 찌푸릴 만한 행동을 했을 때 "빈축을 산다."라고 표현하곤 해요. 뉴스에서는 '부동산 정책 빈축', '부실한 학교 급식 빈축' 이런 식으로도 흔히 쓰여요.

박차 拍車

어떤 일을 더 잘하게 하려고 더하는 힘

- **박차**: 拍 칠 **박** | 車 수레 **차**

(겉뜻) 말을 탈 때 신는 구두의 뒤축에 달려 있는 물건.
(속뜻) 어떤 일을 더 잘하게 하려고 더하는 힘.
(예문) 수능이 다가오자 수험생들은 공부에 박차를 가했다.

비슷한 고사성어: 주마가편(走馬加鞭)
(뜻) 달리는 말에 채찍질한다는 뜻으로, 잘하는 사람을 더욱 장려하는 것을 이르는 말.

조선에서 처음으로 경마 대회가 열린 날이었어요. 경마는 말 여러 마리를 동시에 출발시켜 빠르기를 겨루는 경기예요. 그런데 우리나라에서는 처음 열리는 대회이다 보니 시설과 장비가 턱없이 부족했어요.

순복이도 이 경마 대회에 참가한 선수 중 한 명이었어요.

"순복아, 자신 있나?"

코치가 묻자 순복이는 자신만만하게 대답했어요.

"자신 있고말고요. 1등으로 들어올 테니 두고 보세요."

드디어 출발 신호가 울리고 여러 마리의 말이 동시에 출발했어요. 1번 기수였던 순복이는 열심히 말을 몰았어요. 그러나 1등은커녕 순위에도 들지 못했답니다.

경기가 끝나자 순복이는 코치에게 변명을 늘어놓았어요.

"코치님, 다른 기수들이 신고 있는 구두 끝 좀 보세요. 톱니바퀴 모양의 쇠붙이가 달려 있잖아요. 저도 저런 장비만 있었으면 1등을 했을 거예요."

기수들의 구두에 달린 톱니바퀴 모양의 쇠붙이가 바로 '박차(拍車)'예요. 박차는 말의 배를 쿡쿡 찔러 빨리 달리라는 신호를 보내는 도구랍니다. 경마 경기에서 기수가 말의 배를 발로 찰 때마다 말은 박차 때문에 자극을 받아요. 그래서 박차를 가하면 말이 더 빨리 달리게 되는 거죠. <u>이처럼 박차는 '가하다'라는 말과 결합해 '어떤 일을 더 빨리 잘하게 자극하다'</u>라는 뜻으로 쓰여요. "태풍 피해 복구 지원에 박차", "반도체 기술 개발에 박차" 등 뉴스 기사 제목에서 이 단어를 자주 볼 수 있어요.

출사표 (出師表)

중요한 일에 나서면서 각오를 밝히는 것

- **출사표**: 出 날 **출** | 師 스승 **사** | 表 겉 **표**
- (뜻) 출병하면서 자신의 뜻을 적어 임금에게 올리던 글.
- 관련 관용어: 출사표를 내다, 출사표를 던지다
  - (뜻) 경기, 경쟁 따위에 참가 의사를 밝히다.
- (예문) ① 드디어 우리 축구팀이 월드컵 대회에 출사표를 던졌다.
  ② 이번 선거에 출사표를 던진 후보는 모두 3명이다.

219년, 중국 촉나라의 황제 유비에게 청천벽력 같은 소식이 전해졌어요.

"폐하, 관우 장군께서 오나라 손권에게 죽임을 당했다 하옵니다."

관우를 친동생처럼 아끼던 유비는 화를 내며 굳게 다짐했어요.

"관우를 죽인 오나라를 내 손으로 정벌하겠다."

유비는 수만의 군대를 이끌고 오나라로 쳐들어갔지만 패하고 말았어요. 이 전쟁으로 유비도 큰 병에 걸려 목숨이 위태로웠지요. 유비는 죽기 직전에 승상이었던 제갈량에게 이렇게 부탁했어요.

"승상, 오나라와 동맹을 맺은 위나라를 나 대신 반드시 정복해 주시오."

"알겠습니다. 제가 꼭 폐하의 한을 풀어 드리겠습니다."

몇 년 뒤, 제갈량은 유비의 유언을 받들어 군대를 일으켰어요. 그리고 위나라를 치려고 떠나는 날 아침, 새 황제 유선에게 「출사표」를 바쳤어요.

「출사표」에는 나라를 걱정하는 마음과 천하를 통일하겠다는 큰 꿈이 써 있었어요. 제갈량의 비장한 각오가 배어 있었지요.

이처럼 신하가 적을 정벌하러 떠나기 전에 임금에게 올리는 글을 '출사표'라고 해요. 그런데 시간이 흐르면서 의미가 조금 바뀌었어요. 요즘에는 큰 시합이나 선거 따위에 참가하면서 각오를 발표하는 것을 출사표라고 해요. 주로 '내다'나 '던지다'라는 말과 결합하여 "출사표를 내다.", "출사표를 던지다."라고 표현하지요.

불야성 不夜城

밤에도 대낮처럼 밝은 곳을 이르는 말

- **불야성**: 不 아닐 **불** | 夜 밤 **야** | 城 성 **성**

(뜻) 등불 따위가 많이 켜져서 밤에도 대낮처럼 밝은 곳을 비유적으로 이르는 말.
(예문) ①그 거리는 밤마다 불야성을 이룬다.
　　　②경제 상황이 좋아지자 서울의 밤거리는 불야성을 이루었다.

비슷한 고사성어: 문전성시(門前成市)
(겉뜻) 문 앞이 마치 시장을 이룬 것처럼 되다.
(속뜻) 찾아오는 사람이 하도 많아 문 앞이 사람으로 가득 차다.

어느 날, 송나라를 세운 조광윤이 신하들에게 명령을 내렸어요.

"그동안 당나라는 통금 제도를 시행해 밤에 사람들이 자유롭게 다니는 것을 금지했지만, 나는 통금 제도를 없애겠다."

"폐하, 통금 제도를 왜 없애려 하시는지요?"

"나는 우리 송나라가 문화 강국이 되기를 바란다. 문화가 발전하려면 사람들이 자유롭게 오가야 하는데, 밤이라고 해서 사람들의 왕래를 금하면 문화가 제대로 발전하기 힘들다. 그래서 통금 제도를 없애려 한다."

그 뒤로 송나라의 도시는 급격히 발전했다고 해요. 사람들이 자유로이 왕래하자 시장에서 거래가 활발해지고, 밤늦게까지 사람들이 시장을 찾아 북새통을 이루었지요. 이를 보고 사람들은 밤이 없어진 것 같다며 아닐 불(不), 밤 야(夜), 성 성(城) 자를 써서 '불야성'이라고 표현했다고 해요.

한편 '불야성'이라는 말이 중국 동래군 불야현(不夜縣)에 있던 성(城)에서 유래했다는 이야기도 있어요. 불야현은 밤에도 해가 지지 않아서 언제나 대낮같이 밝았는데, 사람들은 이 불야현을 '불야성'이라고 불렀다고 해요.

불야성을 글자 그대로 풀이하면 '밤이 오지 않는 성'이라는 뜻이에요. 즉 '밤에도 불이 대낮처럼 환하게 켜져 있어서 어둡지 않은 성'이라는 뜻이죠. 오늘날에는 밤늦게까지 불이 꺼지지 않는 도시의 번화가 등을 비유할 때 자주 쓰여요. "한강 공원 야시장이 불야성을 이루고 있습니다." 같은 표현, 많이 들어 봤죠?

선입견 先入見

어떤 대상에 대해 이미 마음속에 품고 있는 고정 관념

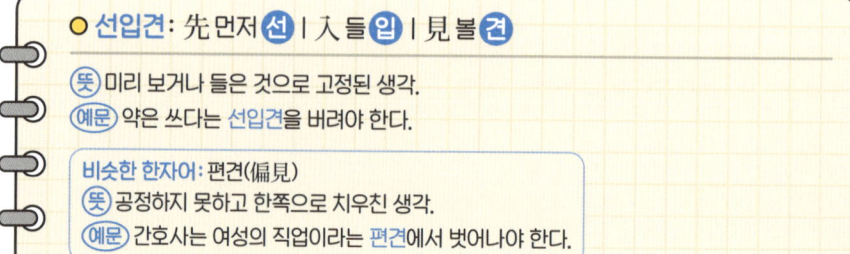

- 선입견: 先 먼저 선 | 入 들 입 | 見 볼 견
  - 뜻) 미리 보거나 들은 것으로 고정된 생각.
  - 예문) 약은 쓰다는 선입견을 버려야 한다.
- 비슷한 한자어: 편견(偏見)
  - 뜻) 공정하지 못하고 한쪽으로 치우친 생각.
  - 예문) 간호사는 여성의 직업이라는 편견에서 벗어나야 한다.

옛날 중국 한나라에 애제라는 왕이 있었어요. 애제는 식부궁이라는 신하의 말을 늘 철석같이 믿었지요.

하루는 식부궁이 애제를 찾아와 이렇게 말했어요.

"폐하! 북쪽의 흉노가 곧 침략해 올지 모릅니다. 하루속히 국경 지대로 군대를 보내야 합니다."

"알았소. 내가 곧 조치하리다."

이튿날, 애제는 신하들에게 국경 지대로 군대를 보내라는 명을 내렸어요. 그러자 신하들이 반대하고 나섰어요.

"폐하, 번번이 아무 의심도 없이 식부궁의 말을 믿으시면 안 됩니다. 이번에는 그자의 말이 틀렸습니다."

신하들은 식부궁의 말이 왜 거짓인지 조목조목 지적한 다음 이렇게 덧붙였어요.

"폐하! 부디 선입견(先入見)을 버리고 식부궁의 말을 판단하셔야 합니다."

그러나 애제는 신하들의 말을 무시하고 식부궁의 말을 따랐는데, 그의 말이 거짓이라는 사실이 곧 밝혀졌어요. 결국 애제는 식부궁에 대한 선입견 탓에 큰 피해를 입었답니다.

'선입견'은 이때 처음 생겨난 말로, 먼저 선(先), 들 입(入), 볼 견(見) 자를 써요. 직접 경험하기 전에 미리 마음속에 만들어진 고정 관념을 말하지요. 선입견은 주로 부정적인 의미로 쓰이는 한자어예요. 신문이나 뉴스에서 "외국인 노동자에 대한 선입견 여전하다.", "장애인에 대한 선입견" 같은 표현을 볼 수 있어요.

전철 前轍

이전 사람의 그릇된 일이나 행동의 자취

- **전철** : 前 앞 **전** | 轍 바큇자국 **철**
  - (겉뜻) 앞에 지나간 수레바퀴의 자국.
  - (속뜻) 이전 사람의 그릇된 일이나 행동의 자취.
  - (예문) 전과자인 아버지는 아들이 자신의 전철을 밟지 않기를 바랐다.

중국의 황제 문제는 정치는 멀리하고 날마다 술에 빠져 살았어요. 오랫동안 간신들이 정치를 도맡아 하는 바람에 나라가 혼란에 빠졌지요. 그러자 어느 날 충신인 가의가 황제를 찾아 조언했어요.

 "폐하, 옛말에 '앞서간 수레바퀴 자국은 그 뒤를 따라가는 수레의 경계가 된다.'라는 말이 있습니다. 폐하께서는 이전 왕조인 진나라의 왕들이 술에 빠져 정치를 멀리하다 나라가 망한 것을 보셨을 겁니다. 그런 잘못을 보고도 피하지 않는다면, 폐하도 그 전철(前轍)을 밟으실 것입니다. 부디 성심을 바로 하소서!"

 그 뒤로 문제는 크게 깨달아 술을 끊고 나랏일에 힘썼다고 해요.
 이 고사에 등장하는 '전철'은 앞 전(前), 바큇자국 철(轍) 자를 써서 앞서 지나간 수레바퀴의 자국이라는 뜻이에요. 옛날 길은 대부분 흙길이어서, 앞서 수레가 지나간 곳은 땅이 푹푹 파여 있었지요. 그런 곳은 뒤이어 가는 수레가 편하게 갈 수 없었어요. 이 때문에 '전철'이라는 말 속에 '피해서 가야 할 곳'이라는 의미가 덧붙었죠. 그리고 거기서 의미가 더 넓어져 이전 사람의 그릇된 일이나 행동을 비유하는 말로 쓰이게 됐어요.

 가끔 "선배들의 전철을 밟겠습니다." 또는 "앞서간 사람들의 전철을 밟아 나가야 합니다." 이런 식으로 '전철'을 긍정적인 뜻으로 쓰는 경우가 있는데, 이는 모두 잘못된 표현이에요. '전철'은 옛사람의 잘못을 돌이켜보며 똑같은 잘못을 저지르려 하지 않는다는 의미로, "다시는 그런 전철을 밟지 말아야 합니다."라는 식으로 써야 한답니다.

농락 籠絡

남을 제 마음대로 놀리거나 이용함

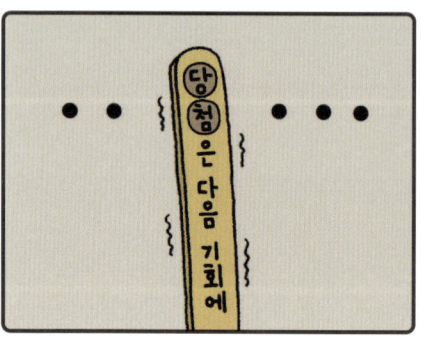

- **농락**: 籠 대그릇, 새장 **농** | 絡 고삐 **락**
  - (겉뜻) 새장과 고삐.
  - (속뜻) 남을 교묘한 꾀로 휘어잡아서 제 마음대로 놀리거나 이용함.
  - (예문) 태은이는 사기꾼에게 농락당했다.

- 비슷한 한자어: 우롱(愚弄)
  - (뜻) 사람을 어리석게 보고 함부로 대하거나 웃음거리로 만드는 것.
  - (예문) 남을 우롱하는 말을 해서는 안 된다.

1402년, 중국의 연왕이 반란을 일으켜 황제가 되자 민심이 매우 흉흉해졌어요.

"반란으로 왕위에 오른 연왕을 따를 수는 없어."

"그럼, 그럼! 아주 못된 왕이라고."

그래서 연왕은 신하들에게 명령했어요.

"당장 방효유를 데리고 오라."

방효유는 당시 최고의 문장가로, 성격이 대쪽 같아서 한 번도 누구에게 아부한 적이 없다고 해요.

방효유를 데려오자 연왕이 말했어요.

"내가 혼란스러운 민심을 수습하고자 하니 그대가 좋은 글을 좀 써 주게."

그러자 방효유는 이렇게 말했어요.

"훌륭한 통치자는 덕을 닦고자 노력해야지, 얕은 잔꾀로 백성을 농락(籠絡)해서는 안 됩니다. 저는 폐하를 위해 어떤 글도 써 드릴 수 없습니다."

이때 처음 생겨난 말인 '농락'의 농(籠)은 새장을, 락(絡)은 고삐를 뜻해요. 새장에 갇힌 새는 사람 마음대로 할 수 있고, 고삐가 있으면 소를 마음대로 부릴 수 있지요. 이렇게 농락은 '남을 교묘한 꾀로 휘어잡아 제 마음대로 놀리거나 이용한다'라는 뜻으로 쓰여요.

예를 들어 어떤 기업이 교묘한 거짓말로 소비자와의 약속을 지키지 않았을 때 "기업이 소비자를 농락했다."라고 표현하지요.

경종

위험한 일에 대한 주의나 충고

- **경종** : 警 경계할 **경** | 鐘 종 **종**
  - (겉뜻) 위급한 일이나 비상사태를 알리는 종.
  - (속뜻) 위험한 일을 경계해서 건네는 주의나 충고를 비유적으로 이르는 말.
  - (예문) ① 이번 사고는 우리 사회에 경종을 울리는 계기가 되었다.
    ② 사회가 삭막해지면서 경종을 울릴 일이 점점 많아지고 있다.

"앗, 산적 떼가 쳐들어온다!"

망루에서 망을 보던 말복이가 소리쳤어요. 하지만 그 소리가 너무 작아서 마을 사람들 귀에는 들리지 않았답니다. 한참이 지나서야 마을 사람들은 귀중품도 챙기지 못한 채 허둥지둥 도망쳐야 했어요.

며칠 뒤, 마을 회의가 열렸어요.

"산적 떼의 습격을 받아 귀중품을 털린 게 도대체 몇 번입니까? 대책을 마련해야 해요."

"맞아요. 계속 이대로 당하고 살 수는 없어요."

이때 말복이가 좋은 의견을 내놓았어요.

"망루에 종을 달면 어떨까요? 산적 떼가 나타나자마자 그 종을 쳐서 알리면 귀중품을 챙겨 도망칠 시간을 벌 수 있잖아요."

"오, 그거 좋은 생각이구나!"

옛날에는 종을 시간을 알려 주거나 외부의 위협 또는 적의 침입을 알리는 데 사용했어요. 이 중에서 적의 침입을 알리기 위해 만든 종을 경계할 경(警)에 종 종(鐘) 자를 써서 '경종'이라고 했어요. 그러다 의미가 점점 넓어져 잘못이나 위험을 미리 경계하여 주위를 환기할 때도 '경종을 울리다'라고 표현하게 되었답니다.

'경종을 울리다'라는 표현은 사건 사고를 다루는 뉴스에 자주 나와요. "이번 사고는 우리 사회에 경종을 울리는 계기가 되었습니다." 라는 식으로 쓰지요.

초미 焦眉

매우 급함을 이르는 말

- **초미**: 焦 그을릴 **초** | 眉 눈썹 **미**

(뜻) 눈썹에 불이 붙은 것처럼 매우 위급함을 이르는 말.
(예문) ① 기후 변화는 온 인류가 반드시 해결해야 할 초미의 문제다.
② 물가 안정이 초미의 관심사로 떠올랐다.

비슷한 관용어: 발등에 떨어진 불
(뜻) 매우 급함을 이르는 말.
(예문) 중간고사가 내일모레다. 일단 발등에 떨어진 불부터 끄고 보자.

옛날 중국의 불혜선사라는 스님이 어린 스님들을 모아 놓고 이렇게 물었어요.

"내가 이번에 큰절의 주지로 임명되었는데, 그 절로 가는 게 맞겠느냐 아니면 여기에 머무르는 것이 맞겠느냐?"

불혜선사는 출세와 수행 중 어느 쪽이 더 중요한지 물어본 것이었어요. 그러나 이 질문에 대답하는 이가 아무도 없었어요. 모두들 서로 눈치만 보며 눈만 껌벅이고 있었지요.

불혜선사는 혀를 끌끌 차며 고개를 저었어요.

"쯧쯧, 아직 뭐가 급한지도 모르고 불도를 닦고 있구나."

그러자 어린 스님 한 명이 용기를 내어 물었어요.

"선사님, 그럼 선사님 생각에는 무엇이 세상에서 가장 급한 일입니까?"

그러자 불혜선사는 이렇게 대답했어요.

"초미(焦眉). 눈썹이 불에 타는 것이다."

불혜선사의 이 말에서 '초미'라는 말이 생겨났다고 해요. 그을릴 초(焦)에 눈썹 미(眉) 자를 쓰는 초미는 눈썹에 불이 붙었다는 뜻으로, '매우 급한 일'이라는 뜻이에요. 눈썹에 불이 붙어 타기 시작했으니 곧 얼굴도 탈 거예요. 그러니 얼마나 급한 일이겠어요? 모든 일을 접고 눈썹에 붙은 불부터 꺼야겠지요.

뉴스나 신문 기사에서는 '초미의 관심사'라는 표현이 자주 나와요. 가장 흥미를 끄는 관심거리라는 뜻이에요. "수사 결과가 초미의 관심을 끌고 있습니다."라든가 "선거 결과 여부가 초미의 관심사"라는 식으로 쓰이지요.

면죄부 (免罪符)

책임이나 죄를 없애 주는 일

- **면죄부**: 免 면할 **면** | 罪 허물 **죄** | 符 증표 **부**
- (겉뜻) 중세 로마 카톨릭교회가 돈을 바친 사람에게 그 죄를 면한다는 뜻으로 발행하던 증서.
- (속뜻) 책임이나 죄를 없애 주는 것을 비유적으로 이르는 말.
- (예문) 잘못을 저지른 사람이 진심으로 뉘우치면 면죄부를 줄 수도 있다.

중세 말기, 로마 교황청은 오래된 성 베드로 대성당을 다시 크게 짓기로 했어요.

"교황님, 성 베드로 대성당을 다시 지으려면 큰돈이 듭니다. 그 많은 돈을 어떻게 마련할 생각이십니까?"

당시 교황 레오 10세는 사치가 심한 사람이었어요. 그 때문에 교회 재정은 갈수록 텅텅 비었지요. 교황은 어떡하면 돈을 더 많이 걷을 수 있을지 곰곰이 궁리하다 무릎을 탁 쳤어요.

'그렇지! 돈을 내면 지은 죄를 면제해 주는 증서를 발행해야겠다.'

교황은 신자들에게 이렇게 말했어요.

"여러분! 이 면죄부만 있으면 누구나 천국에 갈 수 있습니다. 돈을 내고 면죄부를 사는 순간, 지은 죄가 눈 녹듯 싹 사라집니다."

"저요! 면죄부를 사겠습니다!"

"저도요!"

이때부터 교회는 세속적으로 면죄부를 판매하는 곳이 되어 버렸어요. 심지어 교황 식스토 4세는 죽은 사람들의 면죄부까지 만들어 그 가족들에게 돈을 받고 팔았다고 해요.

면죄부는 면할 면(免), 허물 죄(罪), 증표 부(符) 자를 써서 원래 '죄를 없애 주는 증명서'라는 뜻이에요. 그러다 의미가 조금 바뀌어서, 요즘에는 '잘못을 용서해 주거나 책임을 묻지 않는다'라는 뜻으로 사용하고 있어요. 돈 많고 힘 있는 사람이 저지른 나쁜 짓을 덮어 주려고 할 때 '면죄부를 주다'라고 표현한답니다.

각광 脚光

사회적 관심이나 흥미

○ **각광**: 脚 다리 **각** | 光 빛 **광**

- (겉뜻) 무대 앞쪽 아래에서 배우를 비추는 조명.
- (속뜻) 사회적 관심이나 흥미.
- (예문) ①저 사람이 요즘 가장 각광받는 배우야.
  ②아시아권을 중심으로 케이팝이 각광받고 있다.

비슷한 한자어: 주목(注目)
(뜻) 관심을 기울여 주의 깊게 살핌.

19세기 초, 전구의 발명은 연극계에도 큰 영향을 미쳤어요. 영국의 어느 연극 감독은 전구를 보고 좋은 생각을 떠올렸어요.

'그렇지! 저 전구를 무대 위에 매달면 밤에도 사람들이 연극을 볼 수 있겠구나.'

조명을 달자 무대가 아주 환하게 잘 보였어요. 덕분에 사람들은 밤에도 연극을 관람할 수 있었지요.

"와, 조명이 밝으니까 배우들 표정까지 잘 보여서 정말 좋다!"

관객들의 반응을 본 감독은 '조명을 좀 더 효과적으로 사용할 수 있는 방법이 없을까?' 하고 궁리했어요. 그러다 멋진 생각이 떠올랐답니다.

'그렇지! 무대 앞쪽 아래에 조명을 설치하자. 무대에서 중요한 장면이 시작될 때 그 조명을 배우에게 비추는 거야. 그러면 관객들이 배우를 더 잘 볼 수 있겠지.'

이렇게 발 아래에서 위쪽을 향해 비추는 조명을 영어로 '풋라이트(Footlight)'라고 해요. 이 단어를 다리 각(脚)에 빛 광(光) 자를 써서 한자어로 충실하게 번역한 것이 바로 '각광'이에요.

각광을 문자 그대로 해석하면 '다리 쪽에서 비추는 조명'이라는 뜻이에요. 생각해 보세요. 어두컴컴한 무대 중앙에 선 배우를 향해 아래쪽에서 환한 빛을 비추면 관객의 시선이 자연스레 그 배우에게 쏠리겠지요? 때문에 각광은 대중의 관심을 한 몸에 받는 경우에 쓰는 말이 되었어요. 주로 '각광을 받다'라는 관용구로 쓰이며, '사회적 관심이나 흥미, 인기 등을 끌다'라는 뜻이에요.

요지경 瑤池鏡

알쏭달쏭하고 복잡하여 이해할 수 없음

- 요지경 : 瑤 아름다울 요 | 池 못 지 | 鏡 거울 경
- (겉뜻) 확대경이 달린 구멍을 통해 그 속의 여러 가지 재미있는 그림을 돌리며 구경하는 장치.
- (속뜻) 알쏭달쏭하고 묘한 세상일을 비유적으로 이르는 말.
- (예문) 지금 우리 사회는 점점 요지경이 되어 가고 있다.

옛날 곤륜산에 사는 여신 서왕모가 전 세계의 신들을 초대해 큰 잔치를 열었어요. 인간 중에서는 유일하게 묘왕이 초대받았지요. 묘왕은 그곳에서 요지(瑤池)라는 신기하고 아름다운 연못을 봤어요. 묘왕이 요지를 보며 입을 떡 벌리고 있자 서왕모가 물었어요.

"내가 너를 신선으로 만들어 줄 테니 여기서 살겠느냐?"

하지만 묘왕은 서왕모의 제안을 거절하고 인간 세계로 돌아와 요지의 아름다움을 세상에 널리 알렸어요. 그 뒤로 사람들은 매우 아름다운 경치를 비유할 때 '요지'라는 말을 사용했어요.

그런데 지금부터 약 100년 전에 재미난 장난감 하나가 등장했어요. 상자 앞면에 렌즈가 달려 있고, 그 렌즈를 통해 상자 안을 들여다보면 다양한 그림을 볼 수 있는 장난감이었죠. 이 장난감을 처음 본 아이들은 너무 놀라 입을 다물지 못했다고 해요.

"우아, 유명한 건축물이 이 작은 상자 안에 다 들어 있어!"

"우아, 자연 풍경이 막 움직이네!"

사진이나 단순한 동영상을 볼 수 있는 이 장난감의 이름이 바로 '요지경'이에요. 아름다운 경치를 뜻하는 '요지'에 거울 경(鏡) 자를 붙여서 '요지경(瑤池鏡)'이라고 부른 거지요. 100년 전 사람들에게 이 요지경은 무척 신기하고 알쏭달쏭한 장난감이었어요. 그래서 '알쏭달쏭하고 묘한 세상일'을 비유할 때 "요지경이다."라고 표현하게 되었답니다.

요지경은 뉴스와 신문에도 자주 나오는 한자어로, "게임 아이템 거래 갈수록 요지경" 이런 식으로 쓰이고 있어요.

3장
알면 알수록 재미있는 한자어

발견 發見

아직 알려지지 않았던 사물이나 사실을 찾아냄

- **발견**: 發 나타날 **발** | 見 볼 **견**
  - **뜻** 지금까지 몰랐거나 알려지지 않았던 사물, 현상, 사실 따위를 찾아냄.
  - **예문** 콜럼버스는 아메리카 대륙을 발견했다.
  - **비슷한 한자어**: 발굴(發掘)
    - **뜻** 땅속에 묻혀 있는 유적 따위를 파냄.
    - **예문** 한강 유역에서 고대 유물을 발굴했다.

기원전 200년경에 시칠리아 시라쿠사의 왕은 금으로 새 왕관을 만들었어요. 그런데 얼마 뒤, 그 왕관이 순금으로 만든 것이 아니라는 소문이 돌았어요. 그러자 왕은 수학자 아르키메데스를 불렀어요.
　"이 왕관에 은이 섞였는지 알아보게. 단, 절대 망가뜨리면 안 되네!"
　아르키메데스는 깊은 고민에 빠졌어요.
　"은이 섞였는지 알려면 부피를 재야 하는데, 왕관처럼 복잡한 물건의 부피를 어떻게 재지?"
　그러던 어느 날, 아르키메데스는 목욕을 하다가 왕관의 부피를 잴 수 있는 방법을 발견해 냈어요.
　"그렇지! 내가 목욕통 안으로 들어가니 물이 밖으로 흘러넘쳤어. 흘러넘친 물의 부피는 내 몸의 부피와 같아. 이 원리를 이용하면 왕관의 부피를 알 수 있겠구나."
　이 원리를 이용해 왕관의 부피를 쟀더니, 금덩어리의 부피보다 왕관의 부피가 더 컸어요. 즉 왕관은 순금이 아니었던 거예요. 아르키메데스는 이렇게 '부력의 원리'를 발견했답니다.
　이처럼 감추어져 있던 것이나 아직 몰랐던 사실을 찾아내는 것을 '발견'이라고 해요. 발견을 한자 그대로 풀이하면 나타날 발(發)에 볼 견(見), 즉 '드러내 보이게 함'이라는 뜻이에요. 이미 존재하는 것을 그동안 모르고 있었는데 드러내 보이게 한다는 뜻이죠.
　한편 발명은 발견과 비슷해 보이지만 뜻이 달라요. '발명'은 아직까지 없던 기술이나 물건을 새로 생각해서 만들어 내는 것을 가리키는 말이랍니다.

세상 물정을 잘 모르는 사람

- **숙맥**: 菽 콩 숙 | 麥 보리 맥

(겉뜻) 콩과 보리를 아울러 이르는 말.
(속뜻) 사리 분별을 못 하고 세상 물정을 잘 모르는 사람.
(예문) ① 그는 세상 물정을 모르는 숙맥이다.
② 그런 숙맥한테 중요한 일을 맡긴 내가 잘못이지.

옛날 중국 진나라의 왕 주자에게는 형이 한 명 있었어요. 그런데 이 형은 콩과 보리를 구별하지 못할 만큼 어리석었다고 해요.

어린 시절, 하루는 주자가 형에게 콩과 보리를 구분하는 법을 가르쳤어요.

"형님, 잘 보십시오. 동글동글하게 생긴 게 콩이고, 납작하게 생긴 게 보리예요. 아셨죠?"

"그래, 이제 알겠다."

이튿날, 주자가 형에게 부탁했어요.

"형님, 창고에서 콩 좀 꺼내다 주세요."

형은 코를 훌쩍이며 동생이 부탁한 것을 그릇째 가져왔어요. 그 그릇을 본 주자는 어이가 없어 고개를 절레절레 흔들었어요.

"형님, 이건 보리잖아요!"

바로 여기에서 '숙맥을 구별하지 못한다'는 뜻의 '숙맥불변(菽麥不辨)'이라는 말이 생겨났고, 이 말을 줄여서 '숙맥'이라고 쓰게 되었어요. 숙맥(菽麥)은 한자 그대로는 '콩과 보리'라는 뜻이지만, '콩과 보리도 구별하지 못할 정도로 모자라는 사람'이라는 의미로 쓰이고 있어요.

그런데 요즘에는 조금 더 넓은 뜻으로 쓰기도 해요. 서로 친한 사람에게 숙맥이라고 하는 건 멍청하다는 뜻이 아니라 애정이 담긴 핀잔이랍니다. "얘, 넌 왜 그렇게 숙맥이니?"라는 말에는 "넌 왜 그렇게 순진하니?"라는 의미도 담겨 있어요. 그리고 좋아하는 사람 앞에서 말도 제대로 못 하고 쭈뼛거리는 사람을 숙맥이라 부르기도 해요.

고무적 (鼓舞的)

희망적이고 긍정적이라는 뜻

- **고무적**: 鼓 북 **고** | 舞 춤출 **무** | 的 과녁 **적**
- (겉뜻) 힘을 내도록 격려하여 용기를 북돋우는 것.
- (속뜻) 희망적이고 긍정적이라는 의미.
- (예문) ① 학생들 성적이 꾸준히 오르고 있어 고무적이다.
  ② K팝 가수들이 전 세계에서 이름을 떨치고 있어 매우 고무적이다.

조선 시대 어느 마을에 가뭄이 들어 논밭이 쩍쩍 갈라졌어요. 그러자 그 마을의 지주 김 부자가 마름을 불렀어요. 마름은 지주를 대신하여 농사일을 도맡아 살피는 사람이에요.

"이보게, 무슨 대책이 없겠는가?"

"대감마님, 무당을 불러 굿을 하면 어떨까요? 기우제 겸 굿을 하면 농부들에게도 큰 힘이 될 겁니다."

"그래, 그게 좋겠구나."

며칠 뒤, 김 부자네 앞마당에서 큰 굿판이 벌어졌어요. 굿은 무당이 음식을 차려 놓고 노래하고 춤추며 소원을 비는 의식이에요.

"쉬이~~~! 신을 기쁘게 하여 비를 불러오고자 하니, 모두 한마음으로 빌어 보세."

무당은 훨훨 나는 듯이 춤을 췄어요. 그러자 마을 사람 한 명이 앞으로 나오더니 북을 두드렸어요. 북소리가 더해지자 분위기는 한껏 달아올랐어요.

이렇게 춤을 추는 무당의 몸짓에서 '고무적(鼓舞的)'이라는 말이 생겼다고 해요. 여기에서 고(鼓)는 '북 고', 무(舞)는 '춤출 무'로, 북을 두드리고 춤추는 것을 말해요. 즉 '고무적'은 북을 두드리고 춤을 추는 역동적인 몸짓을 보고 힘을 내거나 용기를 얻는다는 뜻으로 생겨난 말이죠. 주로 어떤 일이나 상황이 긍정적으로 진행될 때, 또는 그럴 가능성이 높을 때 "고무적이다."라고 표현한답니다.

노파심 (老婆心)

남의 일을 지나치게 걱정하는 마음

- 노파심 : 老 늙을 노 | 婆 할미 파 | 心 마음 심
- 뜻) 필요 이상으로 남의 일을 걱정하고 염려하는 마음.
- 예문) ① 아빠가 노파심에서 하는 말이지만, 추운 날 밤늦게 돌아다니면 감기 걸린다.
  ② 노파심에서 하는 말이니 기분 나쁘게 생각하지 마라.

어느 절의 주지 스님이 제자들을 불러 놓고 말했어요.

"내일부터 동안거에 들어갈 테니 모두들 마음 단단히 먹거라. 알겠느냐?"

겨울철에 스님들이 바깥출입을 삼가고 수행에 힘쓰는 일을 '동안거'라고 해요. 동안거가 시작되면 스님들은 온종일 참선을 하며 세상과 담을 쌓고 산답니다.

이튿날, 동안거가 시작되자 주지 스님이 또 한마디 했어요.

"참선할 때는 잡생각을 버려야 한다. 알겠느냐?"

그런데 그날 저녁 주지 스님은 제자들에게 또 한마디를 했어요.

"참선할 때는 온 마음을 다해서 해야 한다. 알겠느냐?"

그날 밤 제자들은 주지 스님 몰래 흉을 봤어요.

"주지 스님은 왜 이렇게 잔소리가 많지? 마치 우리 할머니 같아."

"맞아. 노파심이 너무 크셔."

'노파심(老婆心)'은 원래 불교에서 나온 말이에요. 스승이 제자들을 걱정하여 지나치게 잔소리하는 것을 가리키는 말이지요. 그런데 왜 하필 노파심이라고 했을까요?

할머니들은 아주 자질구레한 일까지 걱정하는 경우가 많아요. 손주들이 외출하려 하면 "차 조심하고, 친구랑 싸우지 말고……." 이런 식으로요. 이처럼 '지나치게 걱정 많은 할머니의 마음'과 같다는 뜻으로 늙을 노(老), 할미 파(婆), 마음 심(心) 자를 써서 '노파심'이라고 한 거예요. "내가 노파심에서 하는 말인데"라는 표현을 흔히 쓰지요? 이 말은 '내가 너무 걱정돼서 하는 말인데'라는 뜻이에요.

천리안 千里眼

사물을 꿰뚫어 볼 수 있는 뛰어난 관찰력

- **천리안:** 千 일천 **천** | 里 마을 **리** | 眼 눈 **안**
- **겉뜻** 천 리 밖의 것을 볼 수 있는 능력.
- **속뜻** 사물을 꿰뚫어 볼 수 있는 뛰어난 관찰력을 비유적으로 이르는 말.
- **예문** ① 그 사람은 천리안인지 모든 것을 꿰뚫어 본다.
  ② 우리 아빠는 천리안을 갖고 계신가 봐.

옛날 중국 광주 지방에서 있었던 일이에요. 광주 사람들은 새로 부임하는 태수 양일이 너무 어리다고 걱정했어요. 그러나 양일은 열아홉 나이임에도 옳고 그름을 분명하게 판단하고, 무엇보다 백성을 진심으로 아끼고 사랑하는 사람이었어요.

광주에 심한 가뭄이 들자 양일은 황제에게 편지를 보냈어요. 굶주리는 백성들에게 관아의 곡식을 나눠 주어도 되는지 허락을 구하는 내용이었지요. 그러나 아무리 기다려도 답장은 오지 않았고, 굶주린 백성들은 하나둘 쓰러져 갔어요.

"이러다 큰일 나겠구나! 당장 곡식을 나눠 주어라!"

"태수님! 아직 황제 폐하의 허락이 오지 않았는데, 마음대로 하셨다가 황제 폐하께서 노하시면 어쩌려고 그러십니까?"

"괜찮다! 내가 다 알고 있다."

양일은 이처럼 백성들에게는 부모와 같았지만 탐관오리들은 엄하게 다스렸답니다. 양일은 부하들을 시켜 관리들의 말과 행동을 비밀리에 조사해서, 행실이 나쁜 관리는 반드시 벌을 주었지요.

"우리 태수님은 천리안을 갖고 계신 게 틀림없어. 그러니까 멀리 있는 관리들의 나쁜 짓까지 훤히 아시지."

<u>일천 천(千), 마을 리(里), 눈 안(眼) 자를 쓰는 '천리안'은 천 리 밖을 내다본다는 뜻으로, 가만히 앉아서도 멀리서 일어나는 일을 꿰뚫어 보는 사람을 가리키는 말이에요.</u>

우리나라 최초의 통신 해양 기상 위성의 이름도 천리안이지요. 지구 구석구석을 다 꿰뚫어 보는 위성이라는 뜻이랍니다.

귀감
본받을 만한 모범

- **귀감**: 龜 거북 **귀** | 鑑 거울 **감**
  - (뜻) 거울로 삼아 본받을 만한 모범.
  - (예문) ① 태은이는 친구들에게 귀감이 되는 모범생이다.
    ② 이순신 장군의 나라 사랑은 후세 사람들에게 귀감이 되었다.
  - 비슷한 한자어: 모범(模範)
    - (뜻) 본받아 배울 만한 대상.
    - (예문) 너희는 고학년이니까 신입생들에게 먼저 모범을 보여야지.

옛날 중국에 지독한 가뭄이 들었어요. 비가 한 방울도 내리지 않아 농사를 지을 수가 없었지요. 그러자 신하들이 왕에게 말했어요.

"폐하, 점을 쳐 보면 어떻겠습니까?"

"그래, 그게 좋겠구나. 어서 신관을 들라 하라."

신관은 제사를 지내거나 점치는 일을 하는 사람이에요.

신관은 거북의 등껍질 안쪽에 불을 피운 뒤, 그 모양을 주의 깊게 살펴보고 말했어요.

"폐하, 거북 등껍질이 갈라지는 모양을 보니 조만간 비가 올 듯합니다."

며칠 뒤, 신관의 예언대로 단비가 내렸어요. 그러자 신관은 거북 등껍질 옆에 날카로운 물체로 "점괘대로 비가 왔다."라고 글을 새겨 넣었어요.

예부터 거북은 신성한 동물로 여겨졌는데, 이 거북이 바로 '귀감(龜鑑)'의 '귀(龜)'예요. 그러면 귀감의 '감(鑑)'은 무얼까요? '감(鑑)'은 그릇에 물을 떠 놓고 자신의 모습을 바라보는 것을 뜻해요. 즉 그릇에 비친 자신을 보며 흐트러진 모습을 바로잡는 것을 일컫는 말이었죠.

<u>이렇듯 귀감은 길흉을 점치는 거북의 등과 아름다움과 추함을 보여 주는 거울을 이르는 것으로, 거북과 거울에 나타난 조짐이나 모습을 보고 자신을 바로잡는다는 뜻으로 사용해 온 한자어예요. 그러다 시간이 흐르면서 '모범', '본보기'라는 의미를 담게 됐어요.</u> 위인 이야기를 소개하는 글을 보면 "어린이들에게 귀감이 되는 인물을 골라 소개하였습니다." 같은 문장을 볼 수 있지요.

수작

남의 말이나 행동, 계획 등을 낮잡아 이르는 말

- **수작**: 酬 술 권할 **수** | 酌 따를 **작**
  - 겉뜻) 술잔을 서로 주고받음.
  - 속뜻) 남의 말이나 행동, 계획 등을 낮잡아 이르는 말.
  - 예문) 속이 빤히 보이는 수작에 넘어가지 말아야 한다.
  - 비슷한 한자어: 계략(計略)
    - 뜻) 어떤 일을 이루기 위한 꾀나 수단.
    - 예문) 그는 온갖 계략을 써서 상대를 속였다.

옛날 중국에서 있었던 일이에요. 황공이 찾아오자 왕수가 버선발로 뛰어나왔어요.

"아이고, 이게 얼마 만인가? 어서 들어오시게."

오랜만에 만난 두 사람은 반갑게 인사하고 자리에 앉았어요.

"이런 기쁜 자리에 술이 빠질 수 있나? 여봐라! 술상을 봐 오너라."

하인이 술상을 들여오자 주인인 왕수가 손님인 황공에게 술을 권했어요.

"자네가 손님이니 먼저 잔을 받으시게나."

진나라에서는 이렇게 주인이 손님에게 술을 권하는 것을 가리켜 '수(酬)'라고 했어요.

손님인 황공은 왕수가 따라 준 술에 보답하기 위해 건배하자고 제안했어요.

"우리 함께 건배하고 마시세."

이렇게 손님이 주인에게 보답하기 위해 건배하는 것을 '작(酌)'이라고 했어요.

이처럼 '수작(酬酌)'은 본래 주인과 손님이 서로 공경하는 뜻으로 술잔을 주고받는 것을 가리키는 표현이었답니다.

그런데 집에 찾아가 서로 술을 권하고 마시면서 좋지 않은 일도 많이 일어났어요. 술을 마시며 몰래 반역을 모의하거나 음모를 꾸미는 일이 종종 있었던 거지요. 그래서 그 의미가 점차 부정적인 뜻으로 사용되었다고 해요. 요즘에는 누가 속이 빤히 보이는 의도를 품고 행동할 때 "수작을 부린다."라고 표현해요.

주마등 走馬燈

말이 달리는 것처럼 빠르게 지나가는 것

- 주마등: 走 달릴 주 | 馬 말 마 | 燈 등잔 등
  - (겉뜻) 말이 달리는 모습을 비추는 등.
  - (속뜻) 세월이나 시간이 빨리 지나가는 것을 비유적으로 이르는 말.
  - (예문) 지난 10년 동안의 삶이 주마등처럼 눈앞을 스쳤다.

옛날 중국인들은 원소절(음력 1월 15일)이 되면 집집마다 등불을 밝혔어요.

"아버지, 원소절에는 왜 등불을 밝혀요?"

"올 한 해 농사가 잘되기를 바라며 등불을 밝히는 거란다."

아버지가 만들고 있는 등불을 보며 아들이 또 물었어요.

"그런데 아버지, 왜 등에 말이 달리는 그림을 붙이나요?"

"이런 등을 주마등이라고 해. 이렇게 빙글빙글 도는 판 위에 등을 올려놓고, 그 등에 종이로 만든 말을 붙여 놓으면 말이 달리는 것처럼 보이지."

"진짜요? 얼른 보고 싶어요."

아버지는 주마등을 다 만든 뒤에 등불을 밝혔어요. 그러자 회전판이 빙글빙글 돌면서 진짜로 말이 달리는 것처럼 보였어요.

말이 달리는 모습을 비추는 등을 달릴 주(走), 말 마(馬), 등잔 등(燈) 자를 써서 '주마등'이라고 했어요. 처음에는 말이 달리는 것처럼 뭐가 빨리 지나가는 것을 가리키는 말이었어요. 그러다 시간이나 세월의 빠른 흐름을 비유하는 말로도 쓰이게 됐답니다. 특히 사람이 죽을 수도 있는 상황에 놓였을 때, 그동안 자기가 살아온 인생의 모든 장면이 눈앞으로 빠르게 스치고 지나가는 것을 "주마등처럼 스쳐 간다."라고 표현해요.

나이가 어린 어린이들에게는 "주마등처럼 스쳐 간다."라는 표현이 마음에 와닿지 않을 거예요. 그렇지만 이 표현은 관용구로 굳어져서 많이 쓰이니 알아 두면 좋아요.

회피 回避

꾀를 부려 마땅히 져야 할 책임을 지지 않음

○ **회피**: 回 돌아올 **회** | 避 피할 **피**

(뜻) 몸을 숨기고 만나지 않거나, 꾀를 부려 마땅히 져야 할 책임을 지지 않음.
(예문) 그는 어려운 일은 늘 회피하려고 한다.

김 선비는 주막에 머무르면서 과거 볼 날을 기다리고 있었어요. 그런데 어떤 사내가 슬쩍 말을 걸어왔어요.

"선비님, 거벽(巨擘)이나 사수(寫手)가 필요하지 않으십니까?"

"그게 뭡니까?"

"거벽은 과거 답안지를 대신 써 주는 사람이고, 사수는 글씨를 대신 써 주는 사람입니다요. 거벽과 사수만 잘 만나면 과거 급제는 일도 아닙……."

성품이 강직한 김 선비는 사내의 말이 채 끝나기도 전에 호통을 쳤어요.

"어찌 그런 부정한 방법으로 과거를 치른단 말이오! 난 필요 없소이다."

며칠 뒤, 과거 시험장으로 들어간 김 선비는 깜짝 놀랐어요. 남의 답안지를 몰래 베끼는 사람, 대리 시험을 치르는 사람, 거벽과 사수를 통해 미리 답안지를 써 온 사람 등 온갖 부정행위가 판치고 있었거든요. 게다가 어떤 시험 감독관은 응시생 중에 친척이 있을 경우 그 친척이 급제할 수 있게 좋은 점수를 주기도 했어요.

이런 일이 계속되자 조선 제19대 왕 숙종은 과거에서 부정행위를 막기 위해 몇 가지 법을 만들었어요. 그중 한 가지로 과거에 응시한 사람과 조금이라도 관련이 있는 관리는 감독관을 맡지 못하게 하는 법을 만들었는데, 이를 돌아올 회(回)에 피할 피(避) 자를 써서 '회피'라고 했어요. 이처럼 회피는 과거에서 부정행위를 막으려고 만든 법에서 나온 말이에요. 요즘에는 주로 어떤 일을 직접 하기 싫어서 꺼리고 피한다는 뜻으로 쓰고 있어요.

등용문 (登龍門)

출세하기 위해 거쳐야 하는 관문

- **등용문**: 登 오를 등 | 龍 용 용 | 門 문 문

(겉뜻) 용문에 오름.
(속뜻) 출세하기 위해 거쳐야 하는 관문 또는 통과하기 힘든 문.
(예문) 청소년 가요제는 신인 가수들의 **등용문**이다.

비슷한 고사성어: 입신양명(立身揚名)
(겉뜻) 자신의 뜻을 세우고 이름을 드날림.
(속뜻) 사회적으로 인정받고 유명해지는 것.

중국 전설에 나오는 이야기예요. 잉어 한 마리가 황허강 중류의 용문 협곡을 찾았어요. 그곳은 물살이 거세기로 유명했지요.

"정말 물살이 엄청나게 거세군요. 이 협곡을 거슬러 올라간 물고기가 있긴 있습니까?"

잉어가 묻자, 협곡 아래 웅덩이에 사는 늙은 물고기가 말했어요.

"아직까지는 한 마리도 없다네."

"그런데 왜 굳이 이 협곡을 거슬러 올라가려고 하나요?"

"그야 용이 되고 싶어서지. 이 거센 물살을 뚫고 올라가기만 하면 용이 되어 하늘로 올라갈 수 있다네."

잉어는 용이 될 수 있다는 말에 험한 골짜기를 거슬러 올라가기 시작했어요. 물살이 너무 거세어 좀처럼 앞으로 나아갈 수가 없었지만 포기하지 않고 지느러미를 힘차게 움직였어요. 드디어 협곡을 거슬러 올라간 잉어는 진짜 용이 되어 하늘로 올라갔다고 해요.

<u>이 이야기가 입에서 입으로 전해지면서, '용이 되는 문에 오르다'라는 뜻으로 오를 등(登), 용 용(龍), 문 문(門) 자를 써서 '등용문'이라는 말이 생겨났다고 해요. 그 후 등용문은 '과거에 급제하는 것'을 가리키는 말이 되었고, 오늘날에는 '출세하기 위해 거쳐야 하는 어려운 관문'이라는 뜻으로 쓰이고 있어요.</u>

또한 등용문은 중요한 시험이나 공모전 등을 가리키기도 해요. 이를테면 예술가 지망생들은 여러 공모전에 도전해요. 공모전에서 상을 받아 능력을 인정받으면 프로 작가로 활동할 수 있거든요. 그래서 이런 공모전을 '등용문'이라고 표현하기도 한답니다.

외래어 (外來語)

외국에서 들어와 우리말처럼 쓰이는 단어

- **외래어**: 外 바깥 **외** | 來 올 **래** | 語 말씀 **어**

(뜻) 외국에서 들어온 말로 국어에서 널리 쓰이는 단어.
(예문) '빵'은 포르투갈에서 온 외래어로, 우리말처럼 쓰이고 있다.

우리가 많이 쓰는 외래어
버스, 컴퓨터, 피아노, 피자, 햄버거, 콜라, 텔레비전, 컵, 빵 미군은 우리나라에 1953년부터 주둔했어요. 그때 우리나라에 머무르던 미군 중에는 껌을 질겅질겅 씹고 다니는 사람이 많았어요. 그런데 그 시절 우리나라에는 껌이 없었기 때문에 미군들이 뭘 온종일 씹고 다니는지 궁금해하는 사람들이 꽤 있었죠.

하루는 미군 부대에서 일하는 사람이 미군 병사에게 물었어요.

"당신들은 온종일 뭘 그렇게 먹습니까?"

"아, 이건 껌이라는 건데, 먹는 게 아니라 단물만 빨아 먹고 뱉는 거예요."

"거참 신기한 음식이군요."

그 뒤, 우리나라에도 껌이 널리 퍼졌어요. 특히 1956년에 해태제과가 우리나라에서 처음 만들어 판 풍선껌은 불티나게 팔렸다고 해요.

그런데 껌처럼 우리나라에 없던 물건이 들어오게 되면 그것을 가리키는 말도 함께 들어와요. 이때 그 말을 순우리말로 바꾸지 않고 그대로 사용하기도 하는데, 이런 말을 '외래어(外來語)'라고 해요. '외래(外來)'는 외국에서 왔다는 뜻이죠.

예를 들면 라디오, 컴퓨터, 리모컨 등이 바로 외래어예요. 이런 물건들이 우리나라에 전해졌을 때 그 말을 대체할 수 있는 적절한 우리말이 없었어요. 그래서 라디오, 컴퓨터, 리모컨이라고 그대로 사용하게 된 거예요.

부합 (符合)

사물이나 현상이 서로 꼭 들어맞음

- **부합**: 符 부신 **부** | 合 합할 **합**
- (겉뜻) 둘로 나뉘어 있던 부신을 하나로 맞춰 보던 것.
- (속뜻) 사물이나 현상이 서로 꼭 들어맞음.
- (예문) ① 이 규칙은 학생들의 생각과 부합하지 않는다.
    ② 모든 국민의 이익에 부합하는 법을 만들어야 한다.

옛날 중국 명나라 때 이야기예요. 그 무렵 명나라 주변의 여러 나라에서는 해마다 사신을 보내 명나라 황제에게 조공을 바쳐야 했어요.

그래서 조공을 바치는 시기가 되면 명나라 궁궐 앞은 여러 나라에서 온 사신들로 발 디딜 틈이 없었어요.

"황제 폐하를 만나기 위해 궁에 들어가려면 신분이 확실해야 합니다. 각 나라 사신들께서는 부신을 보여 주십시오."

'부신'은 사신들이 가지고 다니는 특별한 신분증으로, 나무나 두꺼운 종이에 글씨를 쓰고 한가운데에 도장을 찍은 다음 두 조각으로 쪼개 만들었어요. 하나는 사신이 갖고 다녔고, 하나는 사신이 방문하는 나라의 조정에서 보관했어요.

조선의 한 사신이 부신을 꺼내 명나라 관리에게 보였어요. 그러자 관리는 명나라 조정에서 보관하고 있던 부신을 꺼내 맞춰 봤어요.

"흠, 부신 두 개가 딱 맞는 걸 보니 조선에서 오신 사신이 분명하군요. 자, 안으로 들어가시죠."

이렇게 둘로 나뉘어 있던 부신을 하나로 맞춰 보는 것을 부신 부(符)에 합할 합(合) 자를 써서 '부합'이라고 했어요. 부신이 꼭 들어맞는 것을 '부합하다'라고 하고요.

요즘에는 쓰임이 넓어져서 어떤 사물이나 현상이 딱 들어맞는 것을 '부합하다'라고 해요. 예를 들어 "우리 회사 기준에 딱 부합하다." 같은 식으로 쓴답니다.

고육책 (苦肉策)

어쩔 수 없이 꾸며 내는 계책

- **고육책**: 苦 괴로울 **고** | 肉 고기 **육** | 策 꾀 **책**
- (겉뜻) 자기 몸을 상해 가면서까지 꾸며 내는 계책.
- (속뜻) 어려운 상태를 벗어나기 위해 어쩔 수 없이 꾸며 내는 계책.
- (예문) 이번 싸움에서는 고육책을 써서라도 꼭 이겨야 한다.

『삼국지』에 나오는 이야기예요. 조조가 백만 대군을 이끌고 오나라로 쳐들어갔어요. 오나라 장군 주유는 걱정이 태산 같았지요.

"조조의 백만 대군과 어떻게 싸워야 하나……."

이때 부하 장군인 황개가 다른 사람들 몰래 주유에게 이렇게 말했어요.

"장군, 사람들이 보는 앞에서 저를 매질하십시오. 매질을 핑계 삼아 거짓으로 조조 군에 항복하여 저들의 배를 밧줄로 묶어 놓겠습니다. 그때 불화살을 쏘아 저들을 섬멸하십시오."

며칠 뒤, 주유는 시치미를 뚝 떼고 많은 사람이 보는 앞에서 황개를 매질했어요.

"황개는 조조를 무서워하는 겁쟁이다! 매우 쳐라!"

그날 밤, 황개는 조조를 찾아가 말했어요.

"주유는 저에게 모욕을 줬습니다. 앞으로는 장군을 따르겠습니다."

조조는 만신창이가 된 황개를 보고 그의 말을 믿었어요.

"그대처럼 훌륭한 장수가 나를 따르겠다니, 정말 기쁘구나!"

황개는 주유와 약속한 날이 되자 조조 군대의 배를 밧줄로 묶어 놓았고, 주유는 불화살을 날려 그 배들을 모두 불태워 버렸답니다.

이렇듯 적을 이기기 위해 자신의 몸이 다치는 것도 마다하지 않은 황개의 태도에서 '고육책(苦肉策)'이라는 말이 생겨났어요. 괴로울 고(苦), 고기 육(肉), 꾀 책(策) 자를 써서, 자기 몸을 상해 가면서까지 꾸며 내는 계책이라는 뜻이지요. 이 말은 시간이 흐르면서 '어려운 상태를 벗어나기 위해 어쩔 수 없이 꾸며 내는 최후의 계책'으로 의미가 조금 바뀌었어요.

문외한 (門外漢)

어떤 일에 전문적인 지식이 없는 사람

- 문외한: 門 문 **문** | 外 바깥 **외** | 漢 사내 **한**
- 뜻) 어떤 일에 전문적인 지식이 없는 사람.
- 예문) ① 저는 그림에는 문외한입니다.
  ② 이번 신곡은 음악을 전혀 모르는 문외한도 쉽게 이해할 수 있습니다.

중국에 있는 동림사라는 절에 이름난 시인 소동파가 찾아왔어요. 이때 어떤 스님이 시를 한 수 지어 달라고 부탁하자 소동파가 시를 지어 줬어요.

"계곡물 소리는 끊임없이 이어지는 부처님의 말씀이고, 산의 풍경은 부처님의 맑고 깨끗한 몸이라네."

이 시를 읽은 스님은 감탄하면서 주지 스님에게 갔어요.

"주지 스님, 소동파는 득도의 경지에 이른 것 같습니다. 이 시를 좀 보십시오."

그런데 주지 스님은 그 시를 보고 고개를 저으며 이렇게 말했어요.

"소동파는 그저 문외한일 뿐이다. 그가 득도를 했다니 말도 안 되는 소리다."

이때 주지 스님이 말한 '문외한(門外漢)'은 무슨 뜻일까요?

문외한의 문(門)은 '성문'을, 외(外)는 '바깥'을 뜻해요. 그리고 한(漢)은 '사내'를 뜻하지요. 그러니까 문외한을 글자 그대로 해석하면 '성문 밖에 있는 사내'라는 뜻이에요. 옛날 중국에서는 '성안'과 '성 밖'이라는 표현을 많이 썼는데, '성 밖의 사람'이라고 하면 '성안 사람들이 알고 있는 것을 모르는 사람'이라는 의미였어요. 그러다가 시간이 지나면서 '어느 분야에 전문 지식이 없는 사람'이라는 뜻으로 의미가 확대되었죠.

오늘날에는 겸손한 뉘앙스를 담은 표현으로 "제가 그 분야에는 문외한입니다."라고 말하는 경우가 종종 있어요.

세계화 (世界化)

세계 여러 나라를 이해하고 받아들임

- **세계화**: 世 세대 **세** | 界 경계 **계** | 化 될 **화**

뜻 세계 여러 나라를 이해하고 받아들임. 또는 그렇게 되게 함.
예문 세계화 덕분에 지구촌 사람들이 점점 더 가까워지고 있다.

비슷한 한자어: 지구촌(地球村)
뜻 지구 전체가 한 마을이라는 뜻.
예문 지구촌의 환경 문제를 해결하기 위해 다 함께 노력해야 한다.

소라는 엄마와 함께 대형 마트에 갔어요. 대형 마트에는 전 세계에서 수입한 물건들이 즐비했어요.

"엄마, 이것 좀 보세요. 다른 나라에서 온 물건이 엄청 많아요. 칠레 포도, 브라질 커피, 스위스 초콜릿, 독일 젤리……."

"원, 녀석도 호들갑은! 마트에서 수입품을 팔기 시작한 지는 꽤 오래됐단다."

"언제부터 다른 나라 상품을 마트에서 쉽게 사게 됐나요?"

"그야 세계화가 시작되면서부터지."

"세계화요? 그게 뭐예요?"

세계화(世界化)의 화(化)는 '그렇게 되다'라는 뜻이에요. 그러니까 세계화는 내가 사는 곳이 전 세계의 다른 나라처럼 된다는 의미예요. 세계 여러 나라가 정치, 경제, 사회, 문화 등 여러 분야에서 서로 영향을 주고받으며 교류가 많아지는 현상을 가리키는 말이죠.

최근에는 인터넷 때문에 세계화 속도가 점점 더 빨라지고 있어요. 그래서 K-드라마나 K-팝 등을 전 세계에 널리 알릴 수 있지요. 그러나 지금처럼 세계화가 진행되다 보면 각 나라의 고유한 문화를 지키기 힘들 수도 있어요. 또 강대국이 약소국의 자율성을 해칠 수 있고, 약소국은 강대국에 경제적으로 종속될 수 있어요. 21세기의 세계화는 과연 어떻게 진행되어야 바람직할까요?

의사소통 意思疏通

생각이나 뜻이 서로 통함

- 의사소통: 意 뜻 의 | 思 생각 사 | 疏 트일 소 | 通 통할 통
- 뜻) 생각이나 뜻이 서로 통함.
- 예문) ① 그 사람하고는 의사소통이 잘 이루어지지 않는다.
  ② 외국어를 열심히 익혀서 외국인과 의사소통이 막히지 않는다.

영국의 천재 과학자 스티븐 호킹은 22살이 되는 해에 루게릭병에 걸려 몸을 마음대로 움직일 수 없게 됐어요. 그를 진찰한 의사는 이렇게 말했어요.

"루게릭병은 근육이 마르고 힘이 없어지는 병으로, 결국 호흡이 곤란해져 죽음에 이르는 무서운 병입니다."

호킹은 근육이 점점 마비되어 휠체어에 의지해 살아갈 수밖에 없었어요. 나중에는 폐렴까지 걸려 목소리마저 잃었지요.

그러나 그런 와중에도 스티븐 호킹은 사람들과 의사소통을 할 수 있었어요. 바로 음성 합성기를 사용했기 때문이에요. 음성 합성기는 문장을 소리로 만들어 내는 기계예요. 이 음성 합성기 덕분에 그는 세상을 떠날 때까지 많은 사람들과 의사소통을 하고 책도 쓸 수 있었답니다.

<u>의사소통(意思疏通)은 뜻 의(意), 생각 사(思)를 쓰는 '의사'와 트일 소(疏), 통할 통(通)을 쓰는 '소통'이 합쳐진 말이에요. '의사'는 '무엇을 하고자 하는 생각'을 뜻하고, '소통'은 '막히지 않고 잘 통한다'라는 의미예요. 그러니까 의사소통은 '서로의 생각이 막힘없이 잘 통한다'라는 뜻이지요.</u>

의사소통이 말로만 이루어지는 것은 아니에요. 우리는 매일 문자, 몸짓, 표정 등 다양한 방법으로 의사소통을 하고 있어요. 요즘에는 SNS가 발달하면서 사람의 얼굴 표정과 움직임 등을 활용한 이모티콘이 풍부해졌어요. 그래서 다양한 이모티콘을 이용해 의사소통을 하기도 하지요.

화촉 華燭

결혼식에 쓰는 초

- **화촉**: 華 빛날, 화려할 **화** | 燭 촛불 **촉**

(뜻) 빛깔을 들인 초. 흔히 결혼식에 쓴다.
(예문) 양가 부모님께서는 화촉에 불을 밝혀 주시기 바랍니다.

관련 관용어: 국수를 먹다
(뜻) 옛날 결혼식 피로연 때 흔히 국수를 대접한 데서 온 표현으로, 결혼식 올리는 일을 비유적으로 이르는 말.

조선 시대의 이야기예요. 며칠 뒤면 딸을 혼인시켜야 하는 김 서방과 그의 아내는 혼례에 필요한 물건들을 구하느라 바빴어요.

"참, 여보. 초는 준비되었소?"

"아휴, 초가 너무 비싸서 어떻게 구해야 할지 걱정이에요."

"결혼식에 초가 없으면 어쩐단 말이오."

조선 시대에는 혼례를 밤에 치렀어요. 그래서 혼례를 치르는 집에서는 꼭 초를 구해야 했답니다. 그런데 초가 너무 귀하고 비싸서 일반 백성들은 곤란할 때가 많았어요.

김 서방은 관아에 가서 사정을 설명하고 부탁했어요.

"나리, 큰 잔치 때 관아에서 초를 빌려준다는 말을 듣고 왔습니다. 며칠 뒤에 딸의 혼례를 치러야 하는데, 초를 빌릴 수 있을까요?"

조선 시대에는 가난한 사람들을 위해 관청에서 결혼식에 쓰는 초를 빌려주곤 했는데, 이 초의 이름이 바로 '화촉'이었어요. 초에 빛깔을 넣어 화려하다고 화려할 화(華)에 촛불 촉(燭) 자를 써서 '화촉'이라고 했지요. 화촉은 결혼식에서만 쓰다 보니 언제부터인지 결혼을 뜻하는 말로 사용하게 됐어요.

지금은 생활 환경이 조선 시대와 크게 달라졌어요. 초는 얼마든지 구할 수 있고, 결혼식은 주로 대낮에 치르지요. 그렇지만 요즘도 화촉은 상징적인 의미로 쓰여요. 결혼식이 시작되면 신랑 어머니는 청색 초에, 신부 어머니는 홍색 초에 불을 밝힌답니다. 그래서 '화촉을 밝히다'라는 말은 '결혼식을 올리다'라는 뜻이에요.

좌우명 座右銘

늘 곁에 두고 마음에 새기는 말

- **좌우명**: 座 자리 **좌** | 右 오른쪽 **우** | 銘 새길 **명**
  - (뜻) 늘 옆에 두고 가르침으로 삼는 말이나 문구.
  - (예문) 내 좌우명은 "항상 최선을 다하자."이다.

- **비슷한 한자어**: 신조(信條)
  - (뜻) 굳게 믿어 지키고 있는 생각.
  - (예문) 그는 정직을 신조로 삼는다.

어느 날, 공자가 제자들과 함께 한 묘당을 찾았어요. 제나라의 이름난 재상이었던 환공이라는 사람의 묘당으로, 그곳에는 환공이 생전에 읽던 책과 사용하던 물건들이 잘 정리되어 있었어요. 공자는 그 물건들 가운데 반쯤 기울어 있는 술독이 신기했습니다. 술독에는 '좌우명(座右銘)'이라고 쓰여 있었지요.

"정말 희한하구나. 그릇이나 술독은 똑바로 서 있어야 정상이거늘, 이렇게 기울어지다니!"

그러자 묘당을 관리하는 사람이 자세히 설명했어요.

"환공께서는 이 술독을 아끼셨습니다. 이 술독에 술을 절반만 부으면 저절로 똑바로 서고, 가득 채우면 다시 이렇게 기울어진답니다."

"참으로 신기한 일이로다!"

공자는 제자들을 시켜 그 술독에 술을 부어 보게 했어요. 술이 차오를수록 술독이 서서히 움직이더니, 술이 절반쯤 차자 정말 똑바로 서는 것이었어요.

공자는 크게 감탄했습니다.

"무릇 공부란 이 술독과 같다. 공부를 다 했다고 교만하게 굴면, 이 술독이 가득 찰 때 기울어지듯 바르게 살 수가 없다. 환공은 이 술독을 옆에 두고 겸손하고자 노력한 것이다."

그 뒤 공자는 환공의 술독과 똑같은 술독을 만든 다음, 독 위에 '좌우명'이라 적어 놓고 늘 겸손한 마음을 잃지 않고자 애썼답니다. 지금도 '좌우명'은 늘 가까이에 두고 보면서 마음에 새기고 꼭 지키려 하는 생각이나 좋은 말이라는 뜻으로 사용되고 있어요.

4장 한자어 같지 않은 한자어

이판사판 理判事判

막다른 데 이르러 어찌할 수 없게 된 지경

- **이판사판**: 理 다스릴 이 | 判 판단할 판 | 事 일 사 | 判 판단할 판
- (뜻) 막다른 데 이르러 어찌할 수 없게 된 지경.
- (예문) ① 저도 이제 이판사판이니 마음대로 하세요.
  ② 이번에는 이판사판 결판을 내고 말겠다.

갑자기 부모님을 잃고 고아가 된 만복이는 한동안 부잣집 노비로 살았어요. 그러다 작은 실수를 저지르는 바람에 그 집에서 쫓겨나고 말았지요. 마땅히 갈 곳이 없는 만복이는 스님이 되기로 마음먹고 가까운 절을 찾았어요.

"주지 스님, 저를 받아 주십시오."

주지 스님은 만복이를 물끄러미 바라보더니 이렇게 물었어요.

"절에는 이판승과 사판승이 있단다. 이판승은 절에서 수행하면서 대중에게 부처님의 말씀을 알리는 일을 하고, 사판승은 주로 잡일을 하지. 어느 승려가 되고 싶으냐?"

"주지 스님, 어느 쪽이 더 중요한 일을 하는 승려입니까? 저는 이제 천민에서 벗어나고 싶습니다."

그러자 주지 스님은 먼 산을 바라보며 말했어요.

"유교를 숭상하는 조선에서 승려가 된다는 것은 가장 낮은 신분이 되는 거란다. 조선은 다양한 방법으로 승려들을 억압하고 있지. 그러니 이판이 되었든 사판이 되었든 너는 천민이라는 계급을 벗어날 수 없을 게다."

<u>유교를 중시한 조선은 승려를 천민으로 취급했어요. 따라서 승려가 된다는 것은 인생의 막다른 선택이었지요. 그래서 이판승과 사판승을 합쳐서 부르는 말인 '이판사판'은 '끝장'이라는 부정적인 의미로 쓰였어요. 그러다 현대에 와서는 '막다른 데 이르러 어찌할 수 없게 된 지경'이라는 뜻으로 굳어져 쓰이고 있답니다.</u>

안성맞춤 安城맞춤

어떤 조건이나 상황에 딱 맞음

- **안성-맞춤** : 安 편안할 **안** | 城 성 **성**

뜻① 요구하거나 생각한 대로 잘된 물건을 비유적으로 이르는 말.
예문 입학식에는 그 옷이 딱 안성맞춤이구나.

뜻② 조건이나 상황이 어떤 경우에 잘 어울림.
예문 혼자 살기에 안성맞춤인 집이다.

조선 시대에 경기도 안성에서 만든 유기 그릇은 품질이 좋기로 유명했어요. 유기 그릇은 구리와 주석을 섞어 만드는 식기인데, 항균 효과가 뛰어났어요.

어느 도령이 안성 유기를 사려고 시장을 둘러보다가 한 가게로 들어갔어요.

"제사에 쓸 유기를 사고 싶은데, 어떤 게 좋은 유기요?"

"두말하면 입만 아프죠. 당연히 '맞춤 유기'가 최고예요."

가게 주인의 말에 도령은 고개를 갸웃하며 물었어요.

"맞춤 유기? 그게 뭡니까?"

"안성 유기는 시장에 내다 팔려고 대량으로 만드는 '장내기 유기'와, 주문을 받아 만드는 '맞춤 유기' 두 종류로 나눌 수 있습니다요. 평범한 집안에서는 장내기 유기를 쓰지만, 행세깨나 하는 집안에서는 대개 맞춤 유기를 쓰신답니다."

"오, 그럼 나도 맞춤 유기로 사야겠군요."

이처럼 직접 주문해서 만든 유기가 바로 '안성 맞춤 유기'였어요. '안성'은 경기도 지명인 '安城(안성)'이고, '맞춤'은 우리말 '맞추다'에서 나왔어요. 여기에서 '유기'가 생략된 말이 바로 '안성맞춤'이랍니다.

'안성맞춤'은 처음에는 안성에 주문해서 만든 유기처럼 '요구한 대로 아주 잘 만들어 품질이 우수한 물건'이라는 의미로 쓰였어요. 지금은 그 쓰임이 더 넓어져서 '물건이 좋아 마음에 쏙 든다', '조건이나 상황이 어떤 경우에 잘 어울린다'라는 뜻으로 쓰인답니다.

사이비 (似而非)

겉으로는 비슷하지만 속은 완전히 다름

- **사이비**: 似 같을 **사** | 而 말 이을 **이** | 非 아닐 **비**

(뜻) 겉으로는 비슷하지만 속은 완전히 다름.
(예문) 그 사람은 사이비 의사입니다.

비슷한 우리말: 돌팔이
(뜻) 제대로 된 자격이나 실력이 없이 전문적인 일을 하는 사람을 속되게 이르는 말.
(예문) 돌팔이 선생, 돌팔이 의사, 돌팔이 목사 등

'사이비'는 어감 때문인지 영어에서 유래했다고 생각하는 사람이 많아요. 그러나 사이비는 중국에서 유래한 한자어랍니다.

어느 날 맹자에게 제자 만장이 물었어요.

"스승님, 모든 사람이 칭찬하는 사람은 군자입니까?"

그러자 맹자가 뜻밖의 말을 했어요.

"아니다. 모든 이가 훌륭하다고 칭찬하는 사람은 사이비 군자다."

여기서 '사이비(似而非)'의 사(似)는 '비슷하다', 이(而)는 '그러나'라는 뜻이에요. 비(非)는 '아니다'라는 뜻이고요. 즉 사이비는 '겉으로 보기에는 비슷하지만 잘 살펴보면 아니다'라는 뜻인 거죠.

그러자 만장이 다시 물었어요.

"스승님, 모든 사람이 칭찬하는 사람이 왜 사이비 군자입니까?"

"진정한 군자는 잘못을 저지른 사람에게 싫은 소리를 할 줄 아는 사람이기 때문에 모든 사람에게 칭찬을 들을 수가 없다. 반면에 모든 사람에게 칭찬받는 사람은 분명 듣기 좋은 말만 하는 자일 것이다. 그러니 그런 자를 어찌 진정한 군자라 할 수 있겠느냐? 그런 자야말로 사이비 군자다."

이처럼 '사이비'는 맹자가 한 말에서 비롯됐는데, 어떤 의도를 품고 '진짜인 척하는 가짜'를 가리켜요. 요즘 세상에는 어떤 분야에서든 이런 사이비가 많으니 조심해야 해요.

야단법석 (惹端법석)

많은 사람이 모여들어 떠들썩함

- **야단법석**: 野 들 **야** | 壇 제단 **단** | 法 법도 **법** | 席 자리 **석**
  - (뜻) 야외에서 크게 베푸는 설법 자리.
- **야단-법석**: 惹 이끌 **야** | 端 바를 **단**
  - (뜻) 많은 사람이 모여들어 떠들썩하고 부산스럽게 굶.
  - (예문) 야단법석 떨지 말고 조용히 해라.

부처님이 설법을 한다는 소문이 퍼지자, 수많은 사람들이 몰려왔어요. 그러자 부처님의 제자 안연이 동자승에게 물었어요.

"애야, 밖이 몹시 소란스러운데 무슨 일이 있느냐?"

"아이고, 말도 마십시오. 부처님 설법을 듣겠다고 벌써 며칠 전부터 사람들이 몰려들었습니다요. 게다가 음식을 파는 장사꾼, 방석을 파는 장사꾼들까지 몰려온 바람에 저렇게 어수선합니다요."

"그래? 그럼 법당 안에서 설법을 하긴 힘들겠구나. 최대한 많은 사람들이 부처님의 말씀을 들을 수 있게 야단을 펴거라."

여기서 말하는 '야단(野壇)'은 '야외에 만든 단'을 가리켜요. 요즘도 야외에서 공연을 하면 사람들이 앉을 수 있게 플라스틱 의자 따위를 이용해 임시로 자리를 만들잖아요. 그런 자리를 옛날에는 '야단'이라고 했답니다.

그럼 '법석(法席)'은 뭘까요? '법석'은 '불법을 베푸는 자리'를 가리키는 말이에요. 그러니까 야단법석은 본래 '야외에 자리를 마련하여 부처님의 말씀을 듣는 자리'라는 뜻이죠.

많은 사람들이 절을 찾아오는 날이면 스님들은 정신이 하나도 없었어요. 그럴 때마다 절에서는 '야단법석'을 마련해 사람들이 야외에서 불법을 들을 수 있게 했어요. 그러다가 '사람들이 많아 떠들썩하고 시끌벅적한 상태'라는 뜻이 더해졌지요.

지금 우리가 사용하는 '야단법석'에는 '야단(惹端)'이라는 한자를 써요. '야단(惹端)'은 '야단맞다' 할 때 쓰는 '야단'과 같은 것으로, 불교와 관련된 뜻은 거의 사라지고 떠들썩하고 어수선한 상태를 가리켜요.

고자질 告者질

남의 잘못이나 비밀을 일러바치는 짓

- 고자-질: 告 아뢸 고 | 者 놈 자
- 뜻) 남의 잘못이나 비밀을 일러바치는 짓.
- 예문) ① 누나가 엄마에게 고자질을 했다.
  ② 아빠가 고자질은 나쁜 행동이라고 말씀하셨다.

조선 시대에 내관들은 궁에서 임금을 모시는 일을 했어요. 이 내관들은 어릴 때 거세를 했기 때문에 '고자'라고도 불렸어요.

하루는 왕이 궁을 산책하다 내관들이 숙덕거리는 모습을 보고 물었어요.

"여봐라! 무슨 일이기에 이리 소란스러운 게냐?"

그러자 한 내관이 다가와 나지막이 속삭이듯 말했어요.

"전하, 영의정이 자기 집안 사람을 평양 감사로 추천했다고 하옵니다."

이튿날, 왕은 영의정을 불러 물었어요.

"내가 이런 말을 들었는데, 사실이오?"

"아닙니다, 전하! 그런 일은 절대 없사옵니다."

이처럼 내관들 사이에서 떠도는 헛소문이 왕의 귀에까지 들어가 어수선한 일이 생기곤 했어요. 심지어 있지도 않은 일을 왕에게 보고하는 바람에 난처한 일을 당한 신하가 한둘이 아니었답니다.

내관 때문에 곤란해졌던 신하들은 "흥! 고자 놈들이 어디서 고자질이야." 하고 불만을 터뜨렸는데, 여기에서 '고자질'이라는 말이 유래했다고 해요.

고자질의 어원과 관련해서는 이 밖에도 여러 이야기가 있어요. 어떤 이야기가 정확한 어원인지 분명하지는 않지만, 고자질은 아뢸 고(告), 놈 자(者) 자를 써서 '남의 비밀이나 잘못을 일러바치는 것'을 가리켜요. 그리고 고자질을 자주 하는 사람을 '고자질쟁이'라고 하지요.

술래

술래잡기에서 숨은 아이들을 찾아내는 아이

- ○ **술래**
  - (뜻) 술래잡기 놀이에서 숨은 아이들을 찾아내는 아이.
  - (예문) 이번에는 내가 술래다.

- ○ **순라**: 巡 돌 **순** | 邏 순찰할 **라**
  - (뜻) 조선 시대에 도둑이나 화재를 경계하기 위해 밤에 순찰을 돌던 것.

통행 금지가 시작되는 밤 10시가 가까워 오자, 순라군들이 도성 앞에 모여 순라를 돌 채비를 했어요. 조선 시대에는 도둑이나 화재 따위를 예방하기 위해 밤에 순찰을 돌았어요. 이것을 돌 순(巡), 순찰할 라(邏) 자를 써서 '순라'라고 하고, 순라를 도는 포졸들을 '순라군'이라고 했지요.

순라군들이 다 모이자 부장이 말했어요.

"요즘 도성 안에 좀도둑이 자주 나타난다고 한다. 모두들 순라를 돌면서 수상한 자가 없는지 잘 살펴보도록 하라."

이윽고 밤 10시가 되어 통행 금지를 알리는 종이 울렸어요. 순라군들이 서너 명씩 짝을 지어 순라를 시작했어요. 순라군들은 보통 통행 금지를 알리는 종이 울리는 오후 10시부터 오전 4시 사이에 순라를 돌았어요. 그리고 순라를 돌면서 발견한 수상한 점은 왕에게 보고 해야 했어요.

자정이 가까워질 무렵, 한 순라군이 목소리를 낮추며 속삭였어요.

"쉿! 저기 김 판서 댁 담장 주변을 어슬렁거리는 수상한 자가 있습니다."

순라군들은 살금살금 다가가 담을 넘으려는 자를 붙잡았어요.

아이들은 이런 순라군의 모습을 흉내 내는 놀이를 했는데, 이것을 '순라잡기'라고 했어요. 그러다 시간이 흐르면서 발음이 변해 '술래잡기'가 되었죠. '술래잡기'는 한 사람이 숨어 있는 다른 참여자들을 잡는 놀이를 말해요. 숨은 아이들을 찾아내는 사람이 바로 '술래'이지요.

창피 猖披

체면이 깎여 부끄럽다

- **창피**: 猖 미쳐 날뛸 **창** | 披 헤칠 **피**
  - (뜻) 체면이 깎이는 일이나 아니꼬운 일을 당함. 또는 그에 대한 부끄러움.
  - (예문) 달리기에서 꼴찌로 들어오다니 너무 창피하다.

- **비슷한 한자어**: 무안(無顔)
  - (뜻) 창피하여 볼 낯이 없음.
  - (예문) 방귀 좀 그만 뀌라고 하면 무안해할까 봐 말도 못 꺼냈다.

중국 하나라의 걸왕은 권력이 막강했어요. 걸왕은 신하들에게 권위 있는 모습을 보여 주기 위해 언제나 왕관을 쓰고, 아무리 더워도 외투를 벗은 적이 없다고 해요.

그러던 어느 날, 갑자기 외적이 쳐들어왔어요.

"폐하, 지금 외적이 궁궐 앞까지 쳐들어왔나이다!"

"아니, 그게 정말이냐? 이대로 우리 하나라가 멸망한단 말이냐?"

"아뢰옵기 황송하오나…… 그러하옵니다."

걸왕은 너무 당황한 나머지 품위와 체통을 잃고 당황했어요. 왕관도 벗어 던지고, 늘 입고 다니던 외투도 벗어 버렸지요.

"뭐, 뭣들 하느냐! 어디로든 빨리 몸을 피해야 하지 않겠느냐!"

걸왕은 옷을 마구 풀어 헤친 채 신하들을 재촉했어요.

훗날, 중국의 시인 굴원은 하나라 걸왕의 행동을 비난하며 이런 시를 지었어요.

"왕이 품위와 체통을 잃고 머리를 헝클어뜨리고 옷을 풀어 헤치고 있으면 남 보기에 창피하다."

'창피하다'라는 말은 이때 처음 생겨났다고 해요. '창피'의 '창(猖)'은 '미쳐 날뛰다'라는 뜻이고, '피(披)'는 '풀어 헤치다'라는 뜻이에요. 즉 창피는 '미친 사람처럼 옷을 풀어 헤쳐서 남 보기에 부끄럽다'라는 뜻이에요. 오랜 시간이 흘러 지금은 '옷을 풀어 헤친다'라는 의미가 사라지고, '체면이 깎이다', '부끄러운 일을 당했다' 같은 뜻으로만 쓰여요. 이처럼 우리 고유어처럼 보이는 말 중에도 어원이 한자어인 경우가 꽤 있답니다.

줄행랑 (줄行廊)

'도망'을 속되게 이르는 말

- 줄-행랑: 行 갈 **행** | 廊 복도 **랑**
- (겉뜻) 대문 좌우로 죽 벌여 있는 종의 방.
- (속뜻) '도망'을 속되게 이르는 말.
- (예문) 도둑이 경찰에게 쫓겨 줄행랑을 쳤다.

오늘은 만복이가 최 부자네 하인으로 들어가는 날이에요. 으리으리한 최 부자네 집 대문을 본 만복이는 입이 쩍 벌어졌어요.

"우아, 대문 한번 정말 어마어마하게 크네."

"뭘 꾸물거리고 있는 게냐? 어서 들어오지 않고."

집사의 말에 만복이는 얼른 대문 안으로 들어갔어요. 대문을 들어서자 좌우로 길게 이어져 있는 행랑이 보였어요. 행랑은 하인들이 쓰는 방을 가리키는 말이에요. 대문간에 바로 붙은 방이라는 뜻으로 갈 행(行), 복도 랑(廊) 자를 쓰지요.

"집사 나리, 웬 행랑이 이렇게 많습니까요?"

"그야 하인이 많으니 행랑도 많을 수밖에 없지. 최 부자님 댁에는 행랑이 33채나 있단다."

조선 시대에는 최 부자네처럼 신분이 높고 잘사는 지역 유지 또는 만석꾼을 가리켜 '줄행랑'이라고 했어요. 줄행랑은 우리말 '줄'과 한자어 '행랑'이 합쳐진 말이에요. 하인들이 사는 행랑이 줄을 서듯 대문간 좌우로 길게 늘어선 모습을 표현한 말이죠.

그러다 '줄행랑을 치다'라는 말이 생겼어요. 집안 형편이 갑자기 기울어 줄행랑 있는 집을 더는 소유할 수 없는 어려운 상태가 되어 버렸다는 뜻으로 쓰였지요. 그런데 언제부터인지 '낌새를 채고 피하여 달아나다'라는 의미로 쓰이더니, 요즘에는 '줄행랑'이라는 말 자체가 '도망치다'라는 의미로 사용되고 있답니다.

아수라장 阿修羅場

큰 혼란에 빠진 곳

- **아수라장** : 阿 언덕 **아** | 修 닦을 **수** | 羅 그물 **라** | 場 마당 **장**
  - (뜻) 큰 혼란에 빠지거나 몹시 흐트러진 곳.
  - (예문) 선생님이 나가자 교실은 순식간에 아수라장으로 변했다.
- **비슷한 한자어** : 아비규환(阿鼻叫喚)
  - (뜻) 여러 사람이 비참한 상황에 빠져 울부짖는 모습을 비유적으로 이르는 말.
  - (예문) 교통사고 현장은 그야말로 아비규환이었다.

고대 인도에서 있었던 일이에요. 몇 년째 흉년이 이어지자 어린 제자가 제사장에게 물었어요.

"제사장님, 흉년이 왜 이렇게 계속되나요?"

"그야 아수라가 하늘과 싸워 이겼기 때문이지."

고대 인도 사람들은 나라에 재앙이 찾아오면 아수라 때문이라고 굳게 믿었어요. '아수라(阿修羅)'는 싸우기를 좋아하는 나쁜 신으로, 매우 거대하고 흉칙한 모습이라고 해요.

"아수라가 하늘과 싸워서 이기면 인간 세상에 가난과 재앙이 찾아온단다. 반대로 하늘이 이기면 풍요와 평화가 찾아오지."

"그런데 제사장님, 왜 전지전능한 하늘이 아수라 같은 나쁜 신에게 지나요?"

"그건 바로 인간 때문이란다. 인간이 착한 일을 많이 하면 하늘의 힘이 강해져서 하늘이 이기고, 반대로 나쁜 일을 많이 하면 아수라의 힘이 강해져서 아수라가 이기지."

<u>이처럼 고대 인도인들은 인간이 나쁜 일을 많이 하면 이 세상은 아수라가 판을 치는 곳이 된다고 믿었는데, 여기에서 '아수라장'이라는 말이 생겨났어요.</u>

훗날 이 말은 우리나라에도 전해졌지만, 의미가 조금 바뀌어서 마치 전쟁터처럼 '몹시 너저분해진 현장'을 가리키게 됐어요. 요즘에는 '어떤 일로 큰 혼란에 빠지거나 주변이 아주 시끄러울 때' 아수라장이라고 한답니다.

잡동사니

잡동산이
雜同散異

잡다한 것이 한데 뒤섞인 것

- **잡동사니**
  - (뜻) 잡다한 것이 한데 뒤섞인 것. 또는 그런 물건.
  - (예문) 쓸데없는 이 잡동사니는 다 내다 버려라.

- **잡동산이**: 雜 섞일 **잡** | 同 같을 **동** | 散 흩을 **산** | 異 다를 **이**
  - (뜻) 조선 시대 학자 안정복이 저잣거리에 떠도는 잡다한 이야기를 모아 수록한 책의 이름.

조선 시대 학자 안정복은 평생 공부만 한 사람이에요. 그는 유학, 역사, 천문, 지리, 의학, 수학 등 분야를 가리지 않고 공부하여, 이를 바탕으로 『동사강목』이라는 훌륭한 역사책을 썼답니다.

하루는 안정복이 대청에 앉아 쉬고 있을 때, 하인들이 두런두런 이야기꽃을 피우는 소리가 들렸어요. 저잣거리에 떠도는 우스갯소리였는데, 어찌나 재미있던지 안정복은 자기도 모르게 귀를 쫑긋 세우고 들었어요. 그러다 문득 이런 생각이 들었어요.

'옳지! 저잣거리에 떠도는 저런 이야기들도 책으로 엮으면 아주 재미있겠는걸.'

그 뒤로 안정복은 저잣거리로 나가 숱한 이야기를 수집했어요.

"나리! 이런 하찮은 얘기를 왜 들으려고 하십니까?"

"허허, 재미있지 않은가. 이런 얘기들을 모아서 책으로 엮어 볼까 하네."

훗날 안정복은 역사, 제도, 법, 풍수지리, 전설, 신화, 민담 등 저잣거리에 떠도는 온갖 이야기를 담아 53권이나 되는 책으로 펴냈어요. 그리고 잡다한 이야기를 모아 놓은 책이라는 뜻에서 책 제목을 '잡동산이(雜同散異)'라고 붙였답니다.

이 책의 제목에서 '잡동사니'라는 말이 생겨났다고 해요. '잡동사니'는 잡다한 것이 한데 뒤섞인 것 또는 그런 물건을 가리키는 말이에요. 당장은 쓸모가 없지만 내버리긴 아까워서 쌓아 둔 물건들을 잡동사니라고도 해요.

도무지

조선 시대 형벌에서 나온 말

- **도무지**
  - (뜻) 아무리 해도.
  - (예문) 그 사람하고는 도무지 말이 안 통한다.
- **도모지**: 塗 칠할 도 | 貌 얼굴 모 | 紙 종이 지
  - (뜻) 조선 시대 형벌 가운데 하나.

조선은 천주교를 믿는 사람들을 박해했어요.

"조상에게 제사를 지내지 않는 천주교를 믿으면 안 된다. 천주교를 믿는 자들은 엄벌에 처하겠다."

그러나 신앙심이 강한 오치문이라는 사람은 몰래 숨어 예배를 드리곤 했는데, 결국 들켜서 관아로 끌려갔답니다.

관리가 오치문에게 물었어요.

"함께 예배 본 자들의 이름을 대라. 그러지 않으면 너를 도모지 형에 처하겠다."

그래도 오치문이 입을 굳게 다물고 있자 관리가 포졸들에게 명령했어요.

"저자의 얼굴에 물을 적신 창호지를 몇 겹으로 붙여라!"

물에 적신 창호지를 얼굴에 붙이자 오치문은 숨이 턱 막혔어요. 종이의 물기가 말라 가자 점점 더 숨을 쉴 수 없었지요. 그러나 오치문은 도모지 형을 당하면서도 함께 예배를 본 사람들의 이름을 끝까지 대지 않았어요.

'도모지'는 조선 시대의 형벌이에요. 칠할 도(塗), 얼굴 모(貌), 종이 지(紙) 자를 글자 그대로 해석하면 '얼굴에 종이를 바르다'라는 뜻이에요. 이 형벌 '도모지'에서 요즘 우리가 쓰는 '도무지'라는 말이 생겨났다고 해요. '도무지'는 '아무리 애를 써도 어떻게 해 볼 수가 없다'라는 의미를 담고 있어요. 주로 부정적인 의미를 강조할 때 '도무지'라는 말을 쓰는 편이에요. 이를테면 "그 친구는 도무지 속을 알 수가 없다." 이런 식으로 말이죠.

십년감수 十年減壽

위험한 고비를 겪거나 몹시 놀람

- 십년감수: 十 열 십 | 年 해 년 | 減 덜 감 | 壽 목숨 수
- 뜻) 수명이 십 년이나 줄 정도로 위험한 고비를 겪거나 몹시 놀람.
- 예문) ① 얼마나 무서웠는지 십년감수했네.
  ② 자전거를 타다가 비탈로 구르는 바람에 십년감수했다.

1897년, 미국 공사 앨런이 우리나라에 축음기를 들여와 고종에게 보여 줬어요.

"나팔처럼 생긴 이 물건은 어디에 쓰는 것이오?"

고종이 묻자 앨런이 대답했어요.

"이것은 소리를 녹음하고 재생하는 기계입니다."

"거참 신기한 물건이로구나!"

며칠 뒤, 고종은 축음기의 쓰임새를 확인해 보고 싶어서 당시 제일가는 명창 박춘재를 불러 판소리를 부르게 했어요.

"춘재야, 이 기계 앞에서 판소리 한 대목만 불러 보거라."

박춘재는 기다란 나팔처럼 생긴 물건에 입을 대고 판소리를 구성지게 뽑았어요. 앨런은 이 소리를 축음기에 담았지요.

박춘재의 판소리가 끝나자 앨런이 고종에게 말했어요.

"폐하, 이제 이 축음기를 틀어 보겠습니다."

축음기에서 박춘재의 판소리가 나오자 고종은 깜짝 놀라며 이렇게 말했어요.

"아이쿠, 춘재야! 네 목소리가 여기에 그대로 들어 있구나! 네 기운을 이 기계에 빼앗겼으니, 네 수명이 십 년은 줄어들었다."

고종의 이 말에서 '십년감수'라는 말이 생겨났다고 해요. 열 십(十), 해 년(年), 덜 감(減), 목숨 수(壽) 자를 쓰는 십년감수는 말 그대로 '목숨이 10년은 줄다'라는 뜻이에요. 주로 몹시 놀라거나, 수명이 10년이나 줄 정도로 위험한 고비를 겪었을 때 "어휴, 십년감수했네."라는 식으로 씁니다.

어영부영

어영비영
御營非營

되는대로 마구 행동하는 모습

- **어영부영**
  - 뜻 되는대로 어물어물 넘겨서 처리하는 모양.
  - 예문 온종일 피시방에서 어영부영 시간을 보냈다.

- **어영비영**: 御 거느릴 어 | 營 경영할 영 | 非 아닐 비 | 營 경영할 영
  - 뜻 조선 시대 어영청의 군기가 풀려 군대다운 모습이 흐트러진 데서 나온 말.

1637년, 조선의 임금 인조는 병자호란에서 패하여 삼전도에서 청 태종 앞에 무릎을 꿇고 용서를 빌어야 했어요. 이것은 조선에 매우 굴욕적인 사건이었어요.

인조의 아들 효종은 그 굴욕을 되갚기 위해 어영청이라는 군대를 만들었어요. 어영청은 군대 기강이 바로 선 특수 부대였어요.

효종은 어영청 군사들을 모아 놓고 연설을 하기도 했어요.

"청나라 왕을 내 앞에 무릎 꿇려야 한다. 알겠느냐?"

"네!"

어영청 군사들은 특수 훈련을 받는 직업 군인이었어요. 청나라 기병(말을 타고 싸우는 병사)에 대응하기 위해 새로운 무기도 개발하고, 모두 조총으로 무장했지요.

하지만 청나라를 정복하겠다는 효종의 꿈이 여러 이유로 흐지부지되자, 어영청의 사기는 급격히 떨어졌어요. 그러다 조선 말기 고종 때에 이르러서는 군기가 크게 문란해졌다고 해요.

사람들은 군기가 완전히 흐려진 어영청 군인들의 모습을 보고 '어영청은 군대도 아니다'라는 의미로 아닐 비(非) 자를 써서 '어영비영(御營非營)'이라고 했다고 해요. 그 뒤로 시간이 지나면서 어영비영의 의미가 불분명해지고 발음을 쉽게 하려다 보니 '어영부영'으로 바뀌게 됐지요.

요즘에는 어영부영을 '뚜렷하거나 적극적인 의지 없이 그냥 되는 대로 마구 행동하는 모습'을 가리킬 때 사용해요.

어영부영은 일상생활에서 자주 쓰는 말인데, 이 말이 어영청 군대에서 유래했다니 정말 재미있죠?

찾아보기

각광 88
간사 24
감동 66
경종 82
계략 106
고무적 98
고육책 118
고자질 140
교활 24
귀감 104
금자탑 64
기우 12

난장판 46
낭패 52
노파심 100
농락 80

대비책 60
대책 60

도무지 152
돌팔이 136
동장군 40
등용문 112

만두 18
면죄부 86
명함 22
모범 104
몰염치 44
무안 144
문외한 120
문전성시 74

박빙 54
박차 70
발견 94
발굴 94
백미 42
백일장 26
보류 58
부합 116

불야성 74
빈축 68

사이비 136
사족 10
상인 34
석권 50
선입견 76
섭씨 38
세계화 122
수작 106
숙맥 96
술래 142
신조 128
심금 66
십년감수 154

아비규환 148
아수라장 148
안성맞춤 134
압권 42
야단법석 138

얌체 45
양궁 21
양말 20
양복 20
양산 20
양주 21
어영부영 156
엄동설한 40
염치 44
예측 36
외래어 114
요지경 90
용수철 28
우롱 80
유예 58
음흉 25
의사소통 124
이판사판 132
입신양명 112

잡동사니 150
전철 78
절충 56
점심 32

조율 56
좌우명 128
주마가편 70
주마등 108
주목 88
줄행랑 146
지구촌 122
짐작 36

창피 144
천리안 102
철면피 30
초미 84
출사표 72

퇴짜 16

편견 76

허세 14
허장성세 14
화씨 38
화촉 126
회피 110
후안무치 30
희생양 62

참고 문헌

『이명학 교수의 어른이 되어 처음 만나는 한자』, 이명학, 김영사, 2020년
『한자는 즐겁다』, 박은철, 뜨인돌, 2010년
『살아 있는 한자 교과서』, 정민 외, 휴머니스트, 2011년
『알아두면 잘난 척하기 딱 좋은 우리말 어원사전』, 이재운·박소연, 노마드, 2018년
『누구나 알지만 아무나 모르는 한자어 이야기』, 홍승직, 행성B잎새, 2015년
『한자어는 공부의 비타민이다』, 김성희, 더숲, 2015년
『국어 어원사전』, 김무림, 지식과 교양, 2020년
『우리말 어원 사전』, 조항범, 태학사, 2022년
『우리말의 뿌리를 찾아서』, 백문식, 삼광출판사, 2006년

참고 자료

국립국어원, 『표준국어대사전』
네이버, 「네이버 한자사전」

읽다 보면 문해력이 저절로
그래서 이런 한자어가 생겼대요

초판 1쇄 발행 2023년 12월 22일
초판 5쇄 발행 2025년 9월 22일

글쓴이 우리누리 | **그린이** 신동민

발행인 이종원 | **발행처** ㈜길벗스쿨 | **출판사 등록일** 2025년 5월 28일
주소 서울시 마포구 월드컵로 10길 56(서교동) | **대표전화** 02)332-0931 | **팩스** 02)322-3895
홈페이지 school.gilbut.co.kr | **이메일** gilbut@gilbut.co.kr

기획 및 책임편집 김언수, 배지하 | **제작** 이준호, 손일순, 이진혁
마케팅 양정길, 지하영, 김령희 | **영업유통** 진창섭 | **영업관리** 정경화 | **독자지원** 윤정아
CTP출력 및 인쇄 교보피앤비 | **제본** 경문제책사
디자인 양×호랭 DESIGN | **교정교열** 김미경

잘못 만든 책은 구입한 서점에서 바꿔 드립니다.
이 책은 저작권법에 따라 보호받는 저작물이므로 무단전재와 무단복제를 금합니다.
이 책의 전부 또는 일부를 이용하려면 반드시 사전에 저작권자와 ㈜길벗스쿨의 서면 동의를 받아야 합니다.
인공 지능(AI) 기술 또는 시스템을 훈련하기 위해 이 책의 전체 내용은 물론 일부 문장도 사용하는 것을 금합니다.

ⓒ 우리누리, 신동민

ISBN 979-11-6406-627-8(73710) (길벗스쿨 도서번호 200380)

제품명 : 그래서 이런 한자어가 생겼대요	주소 : 서울시 마포구 월드컵로 10길 56(서교동)
제조사명 : ㈜길벗스쿨	전화번호 : 02-332-0931
제조국명 : 대한민국	제조년월 : 판권에 별도 표기
사용연령 : 8세 이상	KC마크는 이 제품이 공통안전기준에 적합하였음을 의미합니다.